돈 공부는 처음이라

# 돈 공부는 처음이라

0원부터 시작하는 난생처음 부자 수업

김종봉 · 제갈현열 지음

# 돈의 진실을 마주하고 싶다면

○ ○ ○

지금부터의 이야기를

부디, 믿어주길 바란다.

당신은 경제적 자유를 누릴 자격이 있다.

당신의 삶은 지금보다 나아질 수 있다.

이런 말은 거짓이다.

어차피 돈이 돈을 버는 세상이다.

부의 레벨은 노력으로 바뀌지 않는다.

당신은 평생 돈에 찌들어 살 수밖에 없는 운명이다.

믿을 수 없는 이런 말이야말로 진실이다.

당신의 삶을 바꿀 것이다.

돈으로부터 당신을 자유롭게 해줄 것이다.

당신이 어떤 사람이든, 당신의 삶에 돈을 선물할 것이다.

이런 말에 흔들리지 마라.

당신에게 해당하는 이야기가 아니니

당신은 부자가 될 자격이 없다는 말

당신은 평생 가난하게 살 수밖에 없다는 말

이것이야말로 진실임을 당신은 알아야 한다.

내가 하려는 일은
돈에 대한 당신의 생각을 정확히 뒤집는 것이다.
밑에서부터 반대로 다시 읽어보라.

# 5년간의 경험을
# 업데이트하며

_김종봉

『돈 공부는 처음이라』가 출간된 지 어느새 5년이 지났다.

과분한 사랑 덕에 개정판이 나올 수 있었고

두 번째 프롤로그를 쓰고 있는 이 순간이 무척 감사하다.

이 책의 첫 번째 프롤로그를 쓸 때가 기억난다.

과연 얼마만큼의 사람이 내 생각에

공감하고, 변화하고, 실행할까?

걱정이 많았다.

당시의 나는 셀럽도 아니었고

마케팅을 전문으로 하는 사람도 아니었으며

유튜브나 SNS와 같은 채널을 가진 사람도 아니었다.


수백, 수천억 부자도 아닌 내 생각에

많은 사람이 공감하지 못하는 것은 아닐까?

내심 걱정도 했다.


그런데 책이 나오고 많은 사랑을 받았다.

이유가 무엇이었을까?

돌이켜 보면 크게 두 가지 이유가 아니었나 싶다.


**첫 번째는 내가 대단한 사람이 아니었기 때문이다.**

나는 지방에 사는 검정고시 출신의 투자자였다.

똑똑하지도, 유명하지도, 엄청난 돈이 있지도 않은

지극히 평범한 사람이었다.

그런 내가 걸어온 길이기에

다른 이보다 딱 한 발짝 앞섰기에

누구나 이해할 수 있고, 따라 할 수 있었다.

두 번째는 이 책 내용이 '검증'되었기 때문이다.

책을 집필할 2018년도만 해도

대한민국에는 투자 열풍이 불기 전이었다.

전문가들의 말이 진리로 여겨지며

일반 투자자는 전문가에게 특별한 정보를 받아야

투자를 할 수 있다고 이야기하던 시절이었다.


돈을 공부한다는 말이 생소하던 시절

이 책은 그때 나왔다.

남을 따라 하지 말고 자신만의 이야기를 쓰고

시간과 정성을 들여야 한다고 외쳤다.


그래서 이 책은 많은 전문가가 싫어하는 책이지만

동시에 많은 개인 투자자가 좋아하는 책이 되었다.

그렇게 출간하고 수개월이 지나서 입소문만으로

베스트셀러가 되었고 전문가였던 한 독자가 했던

이야기를 나는 아직 잊을 수 없다.

'이 책은 고객들에게 소개해 주면 안 돼.'


2019년 2월에 책을 출간한 이후

나는 모든 강연에서 1~2년 안에 위기가 올 것이고,

책에 적힌 지수 반토막 전략을 꼭 활용해야 한다고 말했다.

그리고 2020년 3월 19일

처음으로 코스닥지수가 반토막이 난 날이자

코로나 위기로 인해 지수가 최저점을 기록한 날이었다.

지수 반토막 전략을 활용하여 많은 돈을 투자했다는 글을

'2020년 3월 19일을 기억합니다.'라는 제목으로 카페에 올렸다.

만 명이 넘는 사람들이 글을 봤고, 책이 역주행했다.

이 글은 지금도 '돈 공부는 처음이라' 카페에 남아있다.


시간이 조금 더 지나서 투자의 시대가 왔다.

개인 투자자들은 전문가의 말에 휘둘리지 않고,

스스로 공부하며 성장해야 한다는 걸 알게 되었다.

'돈 공부'라는 표현이 '시간과 정성'이라는 단어가

식상한 단어가 될 만큼 투자 문화가 만들어졌다.


책에서 강조한 '97 대 3의 법칙' 역시

97퍼센트의 원시적이고 비상식적인 생각에서 벗어나

3퍼센트의 생각을 하는 사람으로 살아야 한다는 내용도

다른 이름으로, 다른 관점으로 형태만 바뀐 채로

시장에 나오기 시작했다.

종목만 언급하며 매수와 매도를 외치던

많은 투자 채널에서 이제 지수를 언급하기 시작했고

지수의 중요성을 강조하기 시작했다.

지금은 당연한 이야기가 되었지만 2018년도에는

전혀 당연하지 않았던 것들이었다.


그럼, 이 시점에 『돈 공부는 처음이라』를 읽을 필요가 있을까?

이 질문에 그렇다고 답할 수 있는 이유를 몇 가지 적어보려 한다.


**첫째,**

당연한 이야기도 원리를 아는 것이 중요하다.

어떤 공부를 하더라도 가장 먼저 원리를 이해해야 한다.

원리를 이해해야 방법이 눈에 들어오고

필요한 방법을 찾고 활용할 수 있다.

이 책은 돈을 공부할 때 필요한 가장 기초적인 원리를 담았다.

돈의 원리로 세상을 바라본다면,

이미 많은 이가 원리대로

돈을 벌고 있음을 알아챌 수 있다.

**둘째,**

시작하는 사람들은 계속 생겨나기 때문이다.

책 출간 이후 5년 동안의 서평과 독자 후기를 보면

부모님과 친한 친구에게 추천받아 읽었다거나

읽은 후 지인에게 선물하고 싶다는 내용이 꽤 많았다.

돈을 제대로 공부해 본 경험이 없는 이들에게

첫 번째 돈 공부 책으로 좋다는 평도 자주 보였다.

돈의 원리를 이해하는 것이 첫 번째 순서라면

다음은 원리를 바탕으로

활용할 수 있는 방법을 찾는 것이다.

그런 관점에서 이 책은

돈 공부를 처음 시작하는 사람들에게

돈의 원리를 적용하여 실행할 수 있는 방법을 안내한다.


**셋째,**

누구나 언제든 실행할 수 있기 때문이다.

나는 강연과 교육을 할 때

늘 실행할 수 있는 숙제를 주는 편이다.

행하지 않는 지식은 아무짝에도 소용없기 때문이다.

물론 이 책 마지막 'ETC'에도

독자분들이 실행할 수 있도록 숙제를 남겼다.

책을 읽고 행한 이들은

2020년 위기 때부터 경험을 쌓고 수익을 맛봤다.


누군가는 하루 만에 책을 읽은 후

10만 원을 투자해 책값을 벌었고

누군가는 책을 읽은 후 1년간 수백 시간을 들여

차트를 돌려보고 공부하며 자신만의 기준을 세우고

투자해 수억을 벌었다.

누군가는 책 내용을 해외지수에 적용해 투자해서

중국의 위기를 두 번 더 활용하였고

누군가는 자녀들에게 물려줄 부자 노트를 만들어서

자신이 경험한 후 자녀에게 알려주었다.


최신작『돈은, 너로부터다』출간 기념 강연회에

5년 전에 쓴『돈 공부는 처음이라』를 들고

자녀들과 함께 참석해

가족과 함께 공부하고,

함께 투자할 수 있는 환경을 만들어줘서

고맙다는 인사를 건네는 분도 많았다.

끝으로

이 책이 입소문만으로 베스트셀러가, 스테디셀러가,

20대 국군 장병에게 추천하는

국방부 진중문고 선정 도서가 된 이유는

이미 책을 읽은 많은 독자가

책 내용을 직접 실행하고, 검증하고, 확인하며

그 과정에서 얻은 경험과 지식을 함께 나누며

진정으로 돈을 공부했기 때문이라 생각한다.

앞으로 다시 위기는 찾아올 것이고

우리는 그 위기를 적극적으로 활용해야 한다.

책을 쓸 당시에는 부동산 위기가 오지 않아서

구체적으로 담지 못했지만

개정증보판에서는 부동산 위기에 대한 생각과

지수의 흐름에 대한 생각도 전할 예정이다.


한 가지 당부하고 싶은 게 있다.

나의 경험을 책으로 전하는 것처럼

이 책을 읽은 이들이 자기 생각과 경험을

주변 사람들에게 알리고 가르쳐 보길 바란다.

내 생각과 같지 않아도 좋으니 말이다.

그 과정에서 분명히 처음에는 보이지 않던

돈에 관한 새로운 관점과 생각이 보이는

마법 같은 경험을 하길 바란다.

2020년도 코로나 위기에

위기를 기회로 바꾼 경험을 하지 못했다면

다음에 올 위기를 대비하여 함께 공부하고 경험하면 된다.

그걸로 이 책의 값어치는 충분히 되지 않을까 생각한다.


그럼 이제 다시 한번 나와 함께 돈 공부를 시작해 보자.

# 오늘도 텅 빈 통장 잔고를 보며
# 힘들었다면

_김종봉

돈에 관한 책을 쓰겠다고
다짐한 지가 벌써 10년이 넘었다.
그 동안 나에게 세 번의 기회가 찾아왔다.
첫 번째 기회는 우연히 찾아왔다.
내 강연을 들었던 기자 한 분이 출판사를 소개해주었다.

하지만 출판사가 원하는 이야기는
돈이 아니라 나에 관한 이야기였다.
그때는 불경기와 취업난이 겹쳐

힐링과 자기계발 열풍이 시작되던 시기였다.

직장인들이 직장을 그만두고,

자신의 꿈을 찾거나 창업을 하는 게 유행처럼 번졌다.

그런 시대에 검정고시 출신에 지방대를 나와

취업이 아닌 투자를 선택한 내 삶이 특별해 보였나 보다.


하지만 그때 나는 지하 단칸 사무실에서

주식 투자를 하는 가난한 투자자였다.

꿈을 이야기하고 멋지게 사는 모습과는 거리가 멀었다.

거짓으로 삶을 포장하여 사람들에게

거짓 희망을 주어서는 안 된다고 생각했다.

무엇보다 내가 하고 싶은 '돈에 관한 이야기'와는

너무나 거리가 먼 주제였기에

그렇게 첫 번째 출판 기회는 끝났다.


시간이 흘러 2015년 1월.

처음으로 부자라는 타이틀을 쥐었을 때

이제는 돈에 대한 지식도,

그 지식에 맞는 자격도 생겼다고 믿으며

돈에 관한 이야기를 출판하고자 원고를 작성했다.

1년을 준비하여 출판사에 제의했으나

보기 좋게 거절당했다.

"한동안 저희 출판사에서는 돈 관련 서적을

출간할 예정이 없습니다."라는 답변과 함께.

몇 달 후 거절당한 출판사에서

재테크 책이 출간되었다.

그때 깨달았다.

'아, 내 원고에 문제가 있었구나!'


무엇이 문제였을까?

스스로 답을 찾다가 도저히 찾을 수 없어

작가로 활동하고 있는 지인들에게

원고에 대한 평을 듣고자 찾아갔다.

"원고를 보니 어때?"라는 질문에

그 친구가 이렇게 대답해줬다.

"책에 비판적인 내용이 많아요.

아무리 그 말이 맞아도

지금 사람들이 독서로 얻으려는 건 진실이 아니에요.

힐링과 휴식이지."

그 얘기를 듣고 원고를 다시 수정했다.

아니, 내용을 전부 뒤엎었다.

"노력하지 않으면 1원도 가져가서는 안 된다."를

"노력하다 보면 좋은 결과가 나올 것이다."로 수정했고

"시간이 없다는 핑계를 대서는 안 됩니다."를

"상황이 그럴 수 있습니다.

당신의 상황에서 최선을 다해 보길 바랍니다."

로 수정했다.

그리고 사람들이 가장 관심 있는 투자처에 관한 내용에

내가 하고 싶은 돈 이야기를 끼워 맞춰 쓰기 시작했다.


잘 모르는 내용도

잘 모르는 길도

인터넷 검색을 하여 내용을 채워 넣었고

원래 알고 있었던 것처럼,

내가 걸어온 길인 양 보기 좋게 포장했다.

마치 대단한 전문가처럼 투자 이론을 쓰고

성공한 투자자와 투자 현인들의 투자법을 공유하며

전지전능한 신처럼, 돈에 초월한 사람처럼

글을 쓰기 시작했다.

쉽게 돈을 벌 수 있고

책 한 권만 읽으면 부자가 될 수 있다는 말이 담긴 책.
1년에 걸쳐 '읽기 편한 희망의 찬서'를 완성했다.


그 책은 어떻게 되었을까?
다행히 그 책은 출판되지 않았고,
지금 여러분이 읽는 이 책도 아니다.
읽기 편한 희망찬 책을 완성하고 보니
이미 뛰어난 전문가들이 쓴 비슷한 책이 너무나도 많았고
그 전문가들의 지식에 비하면
내 지식은 한없이 초라했기에
출판할 수 없었다.


다시 1년간 원고를 엎었고
그냥 평소에 생각하고 경험한 것을
그대로 독자에게 전달하기로 마음먹었다.
'책이 많이 팔리지 않아도 좋다.'
'많은 공감을 얻지 않아도 좋다.'
심지어
'에잇, 안 되면 내가 책을 인쇄해서
내 주변 사람들에게만 줘야겠다.'라고 말이다.

비록 사람들이 공감하지 않을지라도

그래서 외면받을지라도

자식에게 물려줄 때

부끄럽지 않은 책을 쓰겠다는 마음으로

이 책을 완성했다.


이 책은 기적을 만드는

특별한 기술이나 기법을 담지 않았다.

만약, 기적을 바란다면

당신에게 이 책은 어울리지 않는다.

다만 처음으로 돈에 관심이 생겼다면,

혹은 돈 때문에 매일 힘들어하고 있다면

이 책이 도움이 될 것이라 확신한다.


• 이 책이 추구하는바


첫째,

돈의 의미와 가치는 시대마다,

나라마다 다르다.

한국에 맞는, 현시대에 맞는

돈에 대한 해석이 있어야 한다.

그래서 지금도 투자하고 있는 나의 '돈 이야기'가

여러분에게 도움이 되었으면 좋겠다.


**둘째,**

아직 '돈'이라는 무거운 단어를 논하기에는 부족하여

나이를 더 먹고 더 많은 돈을 번 후에

책을 내야겠다고 생각한 적도 있다.

그런데 지금 이렇게 책을 내는 건

나중에 낸 책이 더 훌륭할 수는 있지만,

이제 막 돈 공부를 시작하는 독자와의 교감은

어려울 수 있다고 생각했기 때문이다.

그저 나를 여러분보다 조금 일찍 시작하여

몇 발자국 앞서 걷는,

동행인이라 생각했으면 좋겠다.


**셋째,**

그래서 이 책은 지식을 얻는 데 의미를 두지 않는다.

투자 재테크 이론은

인터넷만 검색해도 수없이 나오는 시대이며,

전문적인 지식이 담긴 책은 시중에도 많기 때문이다.

돈의 개념을 이해하며,

스스로 생각하고

'돈'을 향해 먼저 걸어간

한 청년의 생각을 들여다보며

돈에 관한 개념을 익히고, 스스로 생각하는 게

이 책을 보며 여러분이 해야 할 일이다.


### 넷째,

이 책의 마지막에 나의 투자 시나리오를 공유했다.

누군가는 이 시나리오의 가치를 알지 못할 수도 있다.

그러나 이 책을 끝까지 정독한 후

여러분의 생각을 더한다면

그 가치는 무궁무진하다는 것을 나는 확신한다.


## • 이 책의 유의 사항

### 첫째,

이 책은 고도의 전문 지식이 있는

전문가가 쓴 책이 아님을 밝힌다.

이 때문에 객관적인 의견보다는

경험으로 쌓은 주관적인 의견이 더 많다.


**둘째,**

0원에서 출발하여 지금까지 온

나의 모든 이야기를 담았다.

'지금까지'의 이야기이기 때문에

이루지 못한 길과 가보지 못한 길도 많다.

나는 아직 돈에 초월한 사람은 아니다.

그러므로 이미 돈에 초월하신 분이라면

이 책을 읽지 않아도 무방하다.


**셋째,**

지난 13년간 내가 직접 투자해본 투자처나

투자 상품에 대한 내용을 담은 책은 아니다.

투자처와 투자 상품마다

책 한 권 이상의 지식과 노하우가 필요하기에

그것을 자세히 공부하는 것은 여러분의 몫으로 돌린다.

다만, 누구나 쉽게 돈을 알고 공부할 수 있도록

방향과 방법을 알려주기 위해 이 책을 집필했다.

**넷째,**

이 책은 여러분을 엄청난 투자의 고수로

만들어주지는 못한다.

그러나 내가 수천 시간을 고민하여 경험했던 것을

솔직하게 작성했다.

해보지 못한 것까지는 담지 못했지만

여러분보다 모든 면에서 훨씬 모자랐던 내가

스스로 돈을 만들었던 과정과

그때의 생각들을 상세히 적었다.

차례

—————————— | 1장 | ——————————

# 삶은 결국 돈의 한 조각이다
### 돈이 없어도 행복할 수 있다는 거짓말

---

| **4장** |

# 당신이 어디에 있더라도, 지금부터 이렇게만

### 부의 고속도로에 진입하는 4단계 솔루션

---

> ### 1단계 전개 구간  모으고, 배우고, 느껴라
> 잉여 자금: 0원~1000만 원

•

## 2단계 성장 구간  무작정이 3퍼센트의 삶을 만든다
잉여 자금: 1000만 원~1억 원

## 3단계 성숙 구간  날을 세우고, 흔들리고, 돌아올 것
잉여 자금: 1억 원~5억 원

## 4단계 선택 구간 **행복을 선택하다**
### 잉여 자금: 5억 원 이상

# 삶은 결국 돈의 한 조각이다

**돈이 없어도 행복할 수 있다는 거짓말**

———

작은 행복과 작은 만족은

그것만 가질 수 있는 사람이 아니라,

그것도 가질 수 있는 여유에서 나온다.

———

# 돈이 인생의
# 전부는 아니잖아요?

속물 같은 질문을 하나 해보겠다.

**돈 = 인생**일까?

"돈이 곧 행복인가요?"

"돈이 인생의 전부인가요?"

이 질문에 대답하기 위해 한참을 고민해야 했던 시간이 있었다.

돈에 조금이라도 관심 있는 사람이라면 누구나 한 번쯤

이 질문에 답하기 위해 고민해본 적이 있을 것이다.

그리고 늘 따라왔던 세상의 대답은 이랬다.

'예쁜 꽃을 보고 아름답다고 느낀다면

당신의 마음은 이미 부자다.'

'작은 것에 만족하며 살 수 있다면 부자보다 행복할 수 있다.'

이 대답을 들으며 우리는 스스로를 위로한다.

작은 것에 행복감을 느끼자고,

작은 것에 만족하며 살자고,

무엇보다, 돈이 인생의 전부는 결코 아니라고.


한때 그 말에 공감했고,

돈을 좋아하는 내가 특이하다고 생각했다.

하지만 10년 동안 돈과 관련된 수많은 상담을 하면서

현실은 결코 그렇지 않다는 것을 깨달았다.


세상이 말했던 '작은 행복과 작은 만족'은

그것만 가질 수 있는 사람이 아니라,

그것도 가질 수 있는 여유에서 나온다.


예쁜 꽃을 보고 아름답다고 느끼는 사람은

예쁜 꽃을 바라볼 만큼의 시간적 여유와

경제적 여유가 있는 사람들이었다.

작은 것에 만족하며 사는 사람들은

이미 큰 것도 소유하고 있는 경우가 대부분이었다.


SNS에서 자주 볼 수 있는

'집 안에 들어오는 햇살을 받으며 커피와 차를 마시고

행복을 느끼는 사람들'은

대부분 좋은 집이 있으며,

지금 당장 돈을 벌기 위해서

출근을 서두를 필요가 없는 사람들이었고,

'나를 위한 작은 일탈을 떠나는 사람들'은

일탈이 끝난 뒤에도 경제적 여유를 줄

든든한 직장을 가진 사람들이었다.


결국 작은 행복이란

돈을 충분히 벌어놓은 사람이거나

계속해서 돈을 벌 수 있는 사람이 누리는 가장 큰 사치였다.


물론 간혹 경제적 여유와 상관없이

자신의 삶에 만족하는 사람도 있다.

그러나 그들은 소수에 불과하고,
대부분의 사람은 소수가 되기엔 평범하다.

다음 달 카드값은 얼마가 나올까 걱정하며 월급날을 기다리고
월급을 받아도 며칠이 되지 않아 통장은 바닥을 보이고
바닥난 통장을 보며 미래에 대한 불안감을 가지면서도
차는 좋은 것을 타고 싶고 좋은 시계와 명품 가방을 사고 싶고,
명품으로 도배하며 여유롭게 해외여행이나 다니는
SNS 스타들의 삶을 부러워하며

'아, 저들은 뭐하는 사람들일까?'라는 궁금증으로 시작하여
'분명 금수저일 거야'라는 생각으로 마무리하고야 마는….

사실, 위의 말은 모두 '과거의 내 모습'이었다.
한때, 아니 아주 오랫동안 그렇게 생각하며 살았다.
그리고 거기에는 자기기만이 섞인
비열한 우월함도 있었음을 인정한다.
3포 세대(연애, 결혼, 출산 세 가지를 포기한 세대를 뜻함),
88만 원 세대(우리나라 20대 비정규직의 월평균 급여는 88만 원임)
사이에서 나만 뒤떨어진 삶을 사는 게 아니라고,

오히려 다른 이보다 나은 삶을 살고 있다며 말이다.

그렇게 생각하며 잠깐이나마 행복한 순간도 분명히 있었다.
하지만 대부분의 시간은 불안했다.
그 불안의 원천은 언제나 돈이었다.

그래서 **행복 = 돈**은 아니라고 말할 수 있지만,
짧았던 행복의 시간보다
돈이 없어 불안하고, 초조하고, 고민했던 시간이 훨씬 길었기에
**인생의 대부분 = 돈**이 아니라고는 말하지 못하겠다.

현세대를 대표하는 3포 세대와 88만 원 세대
사회적으로 큰 이슈를 만든 두 표현의 연관성은 무엇일까?

세 가지를 포기하는 이유
88만 원 세대라고 표현하는 이유

바로 평범한 삶을 사는 사람들의 걱정과 고민은
대부분 돈에서 출발하기 때문이다.

당신의 여유,
당신의 작은 행복,
당신의 삶,
결국은 돈.

우리는 하루에도 몇 번씩 돈에 대한 고민을 하며 살고 있다.

출퇴근길에 택시를 탈지, 지하철을 탈지를 선택하고,

주유소에서 기름을 얼마나 넣을지 고민하고,

점심시간에 사 먹는 밥과 커피의 가격을 생각하며,

누군가에게 줄 선물의 크기를 고민한다.


'인생을 산다'라거나 '물건을 산다'라는 문장에서

'산다'라는 같은 표현을 쓰는 건

인생에서 돈이 전부는 아니지만

돈을 떼어놓고는 인생을 설명할 수 없기 때문 아닐까?


내가 하고 싶은 첫 번째 이야기는

돈을 떼어놓고 행복을 확신할 수 없는 그 모습이

결코 속물적이거나, 아직 미성숙한 것은 아니라는 말이다.

**우리는 다만, 지나치게 평범했고**

**세상은 다만, 지나치게 돈과 엮여 있을 뿐이다.**

# 행복 앞에 늘 붙는 한마디,
## '돈만 많으면'

학교 후배였던 한 친구가 어느 날 나를 찾아왔다.

일상적인 대화를 하다가 꿈 이야기가 나왔다.

"오빠 저는 부모님의 노후를 책임지고 싶고,

여유로운 시간을 가지고 싶고,

좋은 사람을 주변에 많이 두고 싶어요.

그리고 좋은 사람과 결혼하는 것도 꿈 중의 하나예요."

그렇게 시작된 꿈 이야기는 점점 깊어졌고,

마지막에는 자신이 하고 싶은 모든 것을 하려면

돈이 필요하다는 걸 자각했다고 얘기했다.

사실 남들이 부러워하는 대기업을 다니던 그 친구가
5년 전에 회사를 그만두고 나왔던 이유도
그곳에서는 자신의 꿈을 이룰 수 없을 것 같아서였다고 한다.
아니 더 솔직히 말하면
'자신의 꿈을 이루는 데 필요한 돈을 마련할 수 없어서'가
더 정확하겠다.
그녀는 지금 자신의 꿈을 이루는 데
돈이 걸림돌이 되지 않아야 한다는 마음으로 일하며
진지하게 돈 공부를 하고 있다.

이 책을 읽는 모든 사람에게 나는 묻고 싶다.
정녕 당신의 꿈을 이루기 위해 돈이 필요하지 않는가?

**만약 꿈을 이루는 데 돈이 필요하거나**
**돈 때문에 자신의 꿈을 포기했던 사람이라면**
**그것을 이루기 위해 필요한 돈에 대해서**
**한 번쯤은 고민해봤어야 한다.**

어렵다는 핑계로
시간이 없다는 핑계로

시작조차 하지 못했던 당신에게 이 말을 해주고 싶다.
당신이 이 책을 끝까지 읽으면
그 속에 작은 변화가 일어날 것이라고.

텔레비전을 자주 보는 편은 아니지만
〈나는 자연인이다〉라는 프로그램이 나오면
나도 모르게 끝까지 시청하곤 한다.
이 프로그램은 오지라고 표현할 만큼 산속 깊은 곳에
집을 짓고 사는 사람들을 찾아가 함께 하루를 보낸다.
수많은 자극적인 예능 프로그램 속에서
자극적이지 않은 이 프로그램이 장수할 수 있었던 이유는
자연인을 보며 '나도 저렇게 자유롭게 살고 싶다'고
생각하기 때문이다.
하지만 대부분 실제로 '자연인'이 되려고는 하지 않는다.
왜 그럴까?

보통 30대 후반이 넘어가면
많은 남자들이 자연에서 살고 싶어 한다.
그래서 그런지 친구들끼리 모이면
이 프로그램을 애청하는 동지가 꽤나 있다.

시골에 사는 로망을 이야기하다 보면
잠시는 몰라도 오랜 시간 살면 불편할 것 같긴 하다면서
"돈만 많으면 시골에 집을 지어 별장으로 이용하면 가장 좋지."
라고 이야기를 한다.

우리는 무의식적으로 우리가 원하는 삶이나 원하는 일,
원하는 재화에 '돈만 많으면'이라는 조건을 붙인다.
"돈만 많으면 내가 이렇게 안 살 건데."
"돈만 많으면 하고 싶은 일을 하고 살 건데."
"돈만 많으면 여행을 가고 싶은데."
"돈만 많으면 저런 차 한 대 끌고 싶은데."
사실 누구보다 당신은 잘 알고 있다.
당신이 품은 희망을 이루려면 돈이 필요하다는 것을.

간혹 '돈이 없어도'라는 표현으로
자신의 꿈을 말하는 사람도 있다.
"돈이 없어도 부모님을 잘 모시며 살면 된다."
"돈이 없어도 내 아이를 훌륭하게 키우면 된다."
"돈이 없어도 사랑하는 사람과 행복하면 된다."
"돈이 없어도 여유를 즐기며 살면 된다."

하지만 묻고 싶다.

부모님에게 좋은 식사를 대접하는 것은

좋은 곳으로 여행을 보내드리는 것은

미술가를 꿈꾸는 아이에게 좋은 선생님을 붙여주는 것은

멋진 전시회를 찾아갈 수 있는 시간과 여유는

여유를 느끼기 위해 떠나는 여행은, 차 한 잔은

결국 돈이 아닌가?

이들은 착각하고 있다.

돈과 상관없을 것 같던 자신의 희망에도

결국 돈이 개입한다는 것을.


모든 것을 버리고 산속에 혼자 사는 게 아니라면

종교에 귀의해서 평생 봉사하는 삶을 사는 게 아니라면

당신이 희망하는 거의 대부분은

결국 돈이 있어야 이루어진다.


돈을 모른다는 것은,

당신에게 가장 중요한 당신의 삶을 모른다는 말과 같다.

# 익숙했기 때문에,
# 몰랐다는 사실조차 모르게 되다

돈과 삶이 이처럼 연결되어 있는데

여러분은 한 번이라도 돈에 대해 알아보려했는가?

"돈을 알아보다.", "돈을 공부하다."

이 문장은 어딘가 어색하다.

늘 우리 곁에 있는 돈이지만

사실 우리는 돈에 대해 단 한 번도 제대로 알아보지 않았다.


왜 사람들은 돈에 대해 알려고 하지 않을까?

돈에 대한 강연을 처음 시작했던 순간부터

가슴에 품었던 질문이다.

경제학적 지식, 화폐 이론, 선택적 자각 행위 등

다양한 답변과 마주했지만 가장 명쾌하고 단순한 이유는

'너무 익숙하기 때문'이다.

익숙함에는 함정이 있다.

익숙하다고 해서 잘 아는 것은 결코 아니다.


언어를 예로 들어보자.

한국어는 우리에게 너무나 익숙한 언어다.

하지만 한국어를 누군가에게 설명하라고 한다면

우리는 흔히 쓰는 문법 하나도 제대로 설명하지 못한다.

반면 토익 900점이 넘는 사람이 있다면

그 사람은 영문법을 설명할 수 있을 것이다.

그리고 토익 900점을 넘긴 사람이라 할지라도

영어보다는 한국어에 훨씬 익숙하다.

이 사람에게 영어는 잘 아는 것이고, 한국어는 익숙한 것이다.

익숙함과 아는 것의 차이는 바로 여기에 있다.


**무언가에 익숙하다면**

**그것을 의식하지 않아도 사용할 수 있다.**

**무언가를 잘 안다면**

**그것을 누군가에게 설명할 수 있다.**


모든 사람은 돈을 의식하지 않아도 큰 무리 없이 사용할 수 있다.

하지만 돈에 대해 다른 사람에게

설명할 수 있는 사람은 흔하지 않다.

당신은 어떠한가?

돈에 대해 누군가에게 설명할 수 있는가?

대부분은 그렇다고 말할 수 없을 것이다.

돈에 대해 알지 못하는 것이다.

한국어는 익숙하기만 해도 상관없다.

살아가는 것에는 아무런 지장이 없을 테니.

하지만 돈은 다르다.

한없이 익숙한 그 돈 때문에 우리는 늘 불안하기 때문이다.


수익이 없어질지 모른다는 두려움에 악착같이 회사 생활을 하고

늘어나는 카드 빚과 마이너스 통장을 보며 불안해한다.

결혼을 앞두고 계산기를 두드리며 힘들어하고

커가는 아이와 늘어나는 사교육비를 보며 한숨을 내쉰다.

돈은 우리에게 만족의 도구가 아니라 불안의 족쇄가 되고 있다.

거의 모든 종류의 불안은 알지 못하기 때문에 발생한다.

처음 만난 낯선 이가 무섭고 불안한 이유는

그 사람을 정확히 알지 못하기 때문이고

건강검진을 받으며 불안한 이유는

자신의 몸 상태를 정확히 알지 못하기 때문이다.

**불안은 무지로부터 출발한다.**


늘 돈을 벌고 쓰며 사는 우리가

죽을 때까지 돈 때문에 불안할 수밖에 없는 이유는

많은 돈을 벌지 못해서가 아니다.

우리가 버는 돈을 정확히 알지 못해서다.

부모님도, 선생님도, 친구도, 선배도, 대학도, 사회도

그 어떤 존재도 돈에 대해 알려주지 않았기 때문이다.

지금부터 나는 돈의 진짜 모습을 알려주려고 한다.

당신이 더 이상 불안하지 않도록 말이다.

그렇다면, 돈을 안다는 건 무엇일까?


**돈을 알면 돈에 현혹되지 않는다.**

누군가가 SNS에 올린 명품을 보고 부러워하지 않아도 되며

좋은 차, 좋은 집을 가진 사람을 시기하지 않아도 된다.

돈을 몰랐기에 가졌던 자격지심과 불편함에서
자유로워질 수 있다.

**돈을 알면 돈의 목적을 깨닫는다.**
대부분은 돈을 교환의 대상으로 생각한다.
돈을 밥으로 교환하고, 차로 교환하며, 집으로 교환한다.
하지만 돈을 제대로 알고 나면
돈의 목적은 교환이 아니라는 걸 깨닫는다.
돈의 목적은 교환이 아니라 기회다.
내가 가진 돈의 크기는
물질로 교환하는 데 목적이 있는 것이 아니라
교환한 물질이 가져올 가능성에 목적이 있다.
돈을 알게 되면, 돈은 교환의 대상이 아니라 기회의 대상이 된다.

**돈을 알면 오직 자신을 위해 일해야 함을 알게 된다.**
대부분 사람은 누군가를 위해 일을 하며 돈을 번다.
회사를 위해 직장을 다니며 월급을 받는 것이 대표적이다.
하지만 이런 방식으로는
만족할 만큼 돈을 얻지 못한다.
남이 아닌 오롯이 자신을 위해 일할 때

비로소 만족할 만큼 벌게 된다.


**돈을 알면 돈이 돈을 모은다는 사실이 착각임을 알게 된다.**
큰돈을 벌기 위해서 큰돈이 필요하다는 건 큰 착각이다.
돈이 저절로 돈을 모으는 일은 없다.
자신의 자산에 걸맞은 행동을 하는 데
시간을 투여했을 때
비로소 돈이 모이기 시작한다.
100만 원이 있을 때 해야 할 행동과
1억 원이 있을 때 해야 할 행동은 다르다.
지금까지의 책들은 이 점을 간과했다.
한 가지 방법을 알면
당장 수십억 원의 돈을 벌 수 있을 것처럼 우리를 현혹시켰다.
그런 방법은 존재하지 않는다.
100만 원을 모으기까지의 행동을 하지 않고서는
1억 원을 모을 수 없고
1억을 모은 후에 적합한 행동을 하지 않으면
5억 원을 모을 수 없다.


오랜 시간 수많은 사람을 만나며 깨달은 건

돈에는 정답이 있는 것이 아니라 해답만 있다는 사실이다.

각기 다른 경제적 상황, 직업, 자산을 모두 관통하는

정답은 존재하지 않는다.

각기 다른 상황을 해결해주는 해답만이 존재할 뿐이다.


**즉, 자산 상황에 따라 해야 하는 일을 정확하게 아는 것.**

**바로 이것이 돈을 아는 것이다.**


시작은 500만 원이었다.

그리고 8년이 지난 현재 나의 자산은 수십억 원이다.

그 과정에서 수없이 오르락내리락하였고

때론 자만하였고, 때론 실패하였으며,

때론 절망할 수밖에 없었다.

실패와 고난을 통해 배웠다.

많은 사람에게 배움을 청하려 수도 없이 달려갔으나

이 사실을 알려주는 사람이 단 한 명도 없었다.


내가 겪었던 그 과정의 아픔을

여러분은 겪지 않길 바라는 마음으로

돈에 대한 이야기를 통해

삶이 바뀔 수 있는 계기가 되길 바라는 마음으로
지금부터 돈에 대한 모든 이야기를 시작하겠다.

아는 만큼 보이는 돈 이야기

# 제 꿈은 '취집'입니다

몇 년 전 오랫동안 알고 지낸 동생의 결혼식에 참석한 적이 있다.

그 친구의 결혼식이 끝날 때쯤 밖으로 나왔는데

신부 친구들이 1층에 모여 이런 말을 하고 있었다.

"와, 정말 시집 잘 갔다."

"어디서 어떻게 만난 거야?"

그들은 이 결혼이

'신데렐라 신드롬'의 성공작이라 생각하는 듯했다.


지방에 있는 중소기업에 다니는 집안이 평범한 여자

집안도 잘 살고 명문대 의과를 졸업해 의사인 남자

결과만 놓고 본다면 그럴 수 있었다.

그러나 그 과정을 모두 지켜본 내 생각은 달랐다.

4년 전, 당시 운영하던 재테크 스터디에서 처음 그 친구를 봤다.

다른 사람보다 그 친구가 기억에 남았던 이유는

'꿈'을 발표하는 시간에 일어난 일 때문이었다.


사람들은 각자의 멋진 꿈을 발표했다.

"저는 가치 투자로 30억 부자가 될 겁니다."

"저는 5년 후 프랜차이즈 사업을 하는 사람이 될 겁니다."

"저는 아파트 7층짜리 건물을 보유한 임대 사업자가 될 겁니다."

그런데 이 녀석은 달랐다.

"저는 5년 안에 취집할 겁니다."

순간 나는 취업 준비생인 줄 알고

"어디에 취업하길 원하세요?"라고 물어봤고

그 친구는

"제 꿈은 취업이 아니라 취집입니다."라고 답했다.


그때 그 친구의 나이는 고작 스물 셋이었다.

전문대를 졸업하고 나니

학벌도 집안도 안 되는 자신이

이렇게 살다간 원하는 삶을

살 수 없다는 사실을 깨달았다고 한다.

고등학생으로 돌아갈 수 없기에

집안이 부유해질 수 없기에

할 수 없는 것은 인정하고

할 수 있는 것에 집중한 것이다.

그 후 그 친구는 남편감을 찾기 시작했고

그에 걸맞은 사람이 되고자 노력했다.


그 과정은 내가 봐도 치열했다.

지방에 있는 중소기업 경리로 일하던 그 친구의 급여는 160만 원

그걸로 그 친구가 한 것은 다음과 같다.


**책, 경제신문 10만 원**

**요가, 수영 20만 원**

**골프 30만 원**

**주식 5만 원**

**국내 펀드 10만 원**

**해외 펀드 10만 원**

주택청약저축 5만 원
동호회 참가 비용 40만 원
기타 생활비 20만 원

매일 출근 전에는 운동을,
퇴근 후에는 경제 신문을 스크랩했고
매주 한 권 이상의 경제 서적과 재테크 서적을 읽었으며
주말에는 부동산, 창업, 골프, 책, 영어 회화 등의 동호회 활동으로
아침저녁 할 것 없이 뛰어다녔다.

그렇게 3년쯤 지나자
요가 지도 자격증을 획득할 만큼의 요가 실력과
수준급 골프 실력을 갖추게 되었고
토익 점수는 없지만 현지인과 비슷한 수준의 영어를 구사했으며
모아둔 돈이 많진 않지만 다양한 경제 지식을 바탕으로
누구 앞에서도 당당하게
투자에 대한 의견을 전달할 수 있는 사람이 되었다.
결국 그 친구는 그 시기에 동호회에서 만난 사람의 회사에
비서로 이직하게 되었고,
그 회사 대표의 소개로 1년 연애 끝에

직업이 의사인 남편과 결혼을 하게 되었다.
의사가 되기 위해 그 친구의 남편도
학창 시절부터 의사 면허를 획득하기까지
들였던 노력이 엄청날 것이다.
그러나 그 친구 역시 스물세 살부터
남편을 만나기 전까지 그에 합당한 엄청난 노력을 했다.

둘 다 자신의 미래를 위해
한 명은 공부로 한 명은 공부가 아닌 다른 방향으로
노력했을 뿐이다.
결국 가는 길이 조금 달랐을 뿐 목적지는 같았다.
2년쯤 지나고 그 친구의 남편이
남들보다 조금 더 빨리 개원을 한다는 소식을 들었을 때
"그놈, 참 장가 잘 갔다."라고 혼잣말을 되뇌었다.

Q&A

이럴 땐 어쩌죠?

**Q. 돈이 인생의 전부는 아니라고 했던 사람들조차**
**지금은 돈이 중요하다고 합니다. 왜 그런가요? 정말 헷갈려요.**

A. 행복, 독서, 여행, 꿈, 자기계발에 대한 이야기를
콘텐츠로 만드는 분들이 많아요.
유튜브, 블로그, SNS 등을 통해 활동하는 사람이라면
결국, 돈을 벌기 위해서 콘텐츠를 만드는 사람입니다.
저 역시 책, 강연 등으로 투자 수익 외에
추가 수익을 만들고 있는 것처럼 말이죠.

콘텐츠는 대중의 관심을 먹고 삽니다.

투자의 시대가 오기 전에는 대중의 관심사에

경제, 투자가 없었지만 투자의 시대가 오자 달라졌습니다.

투자와 경제에 많은 사람이 관심을 가졌죠.

그렇기에 투자, 경제 관련 콘텐츠가 만들어졌던 것입니다.


지금은 투자의 시대가 저물고 자기계발, 창업의 시대가 왔습니다.

한동안 많이 보였던 투자 관련 콘텐츠가 줄어들고

자기계발과 창업에 관련된 이야기들이 많아졌습니다.

부동산 채널은 자기계발, 주식, 독서 등의 콘텐츠로,

주식 채널은 자기계발, 부동산, 창업 등의 콘텐츠로

많이 바뀌는 것도 결국 채널이 돈을 벌기 위함입니다.

그러니 이를 나쁘게 생각할 필요는 없습니다.


오히려

'다 돈을 벌기 위해서 노력하는 것이구나.'

'내 주위의 모든 것들의 중심은 결국엔 돈이구나.'라고 생각한다면

그 속에서도 배울 수 있는 게 분명히 존재할 것입니다.

## JB의 사이클

**투자의 시대:** 지수가 위기가 오고 나서 1년간의 상승장의 시대

**자기계발과 창업의 시대:** 지수가 고점에서 2~3년 하락하면 나오는 시대

**힐링의 시대:** 자기계발 시대와 투자 시대의 사이

**Q. "제 꿈은 '취집'입니다"라는 글을 읽고 난 후,
요즘 소개팅 앱이 정말 많고 이성과 함께 활동하는 커뮤니티도
아주 잘 되어 있어서 활동해 보려고 합니다.
그런데 주변의 시선이 조금 따가워서 못 하고 있어요.
수십 년을 함께 살아갈 배우자를 찾는 것에 적극적인 게 옳을까요?**

자신의 삶을 바꾸기 위해서 환경을 바꾸는 일은 중요합니다.

기존에 해보지 않았던 경험이라면 해보는 것도 너무 좋은 일이죠.

그러나 한 가지 아쉬운 점은

제가 그 글을 쓴 이유를 제대로 파악하지 못하신 점입니다.

중요한 건 배우자를 찾아 많은 모임에 나갔다는 사실보다,

더 멋진 삶을 살기 위해

더 멋진 자신을 스스로 만들었다는 사실에 있습니다.

좋은 사람들이 곁에 없다는 건

내가 좋은 사람들을 모을 수 있는 능력이 없다는 의미입니다.

이것을 인정하고 본인을 바꿔나가는 자세가

선행되지 않으면 사실 아무런 의미가 없습니다.

저 역시 인간관계를 능숙하게 하지 못하는 사람입니다.

그래서 항상 노력하고 있어요.

주변인들에게 칭찬 한마디 매일 하기

업무에 관한 이야기는 직관적으로 하기

돌려서 거절하지 않기

등등이 제가 부족하다고 생각해 실행하는 것들입니다.


그 친구가 멋진 이유는 스스로 부족한 환경을 인정하고

새로운 자신을 만들어 나갔다는 점에 있습니다.

스스로가 부끄럽지 않을 만큼 노력했기에 남들 앞에서도 떳떳했고

남의 시선이 아닌 자신의 삶에 몰두할 수 있었습니다.

그러니 자신을 잘 알고 필요한 것들을 배우며

성장하는 시간을 가지신다면

문제는 자연스럽게 해결될 것으로 생각합니다.

**배우자를 찾는 것은 수단에 불과합니다.**

**자신이 변해야 한다는 목적을 잊어서는 안 됩니다.**

# 2장

# 돈의 실체를 마주하다

**알면 알수록 불편해지는 돈 이야기**

———

지금은 더 이상 돈의 가치를 명확하게
구분하거나 판단할 수 없는 시기다.
그리고 대부분의 불행은 바로 여기서 출발한다.

———

# 남의 돈에 자신의 삶을
# 버리지 마라

돈이란 무엇일까?

돈은 물건(재화나 서비스)의 값을 측정하는 도구다.

즉, 화폐 5만 원권은

5만 원의 가치가 있는

재화나 서비스로 교환할 수 있다는 의미다.

그렇다면 5만 원권이 없었을 때 우리는 어떻게 돈을 활용했을까?


신사임당이 그려진 5만 원권이 없을 때는

세종대왕이 그려진 1만 원권 다섯 장으로 사용했다.

1만 원권이 없었을 때는 1천 원권 열 장으로 사용했다.

그렇다면 지폐가 없었을 때는? 동전이 없었을 때는?

꼬리에 꼬리를 물고 질문하다 보면

우리는 돈의 실체를 알게 된다.

**돈의 가치는 늘 객관적으로 정해져 있지 않았다.**

무슨 소리냐고?

지폐와 동전이 없었던 시절에 돈은

때로는 조개로, 때로는 소금으로, 때로는 금으로,

때로는 돌 따위로도 가치를 인정받으며

상황에 따라 형태와 가치를 달리했다.

수요와 공급에 따라, 시대 상황에 따라, 새로운 대상의 발견으로

돈의 가치는 늘 유동적이었다.

그렇다면 지금은?

화폐가 있으니 돈의 가치가 고정되어 있지 않을까?

아니다.

과거에는 돈의 가치를 비교적 평가하기 쉬웠다면

지금은 평가 기준이 너무 복잡해져 버렸다.

과거에는 집에 소가 몇 마리 있는지
가진 땅이 몇 평인지
집이 얼마나 큰지에 따라
사람의 부를 평가하곤 했다.
물론 그때도 화폐가 있었지만,
눈에 보이는 것만으로도
한 사람의 부를 어림잡아 알 수 있었다.

그러나 시간이 흐르고 시대가 변하면서
금융이라는 단어가 출현하며,
신용과 대출이라는 개념이 생기고,
온라인으로 자신을 전시하는 시대가 되다 보니
한 사람의 돈의 크기를 평가하는 것이
사실상 불가능한 시대가 되었다.
무슨 말이냐고? 좀 더 들여다보자.
우리는 SNS에서 머리부터 발끝까지 명품으로 도배를 하고,
외제차를 타고 다니는 사람들을 쉽게 볼 수 있다.
그리고 이런 사람들을 보며
'와! 이 사람 참 돈 많은가 보다.'
'대한민국에 돈 많은 사람 진짜 많다.'라고 생각한다.

그렇다면 이 사람들은 진짜 돈이 많은 것일까?

예를 들어보자.

멋진 한강 뷰가 보이는 15억짜리 아파트에 거주하는 사람이
SNS에 사진을 찍어 올렸다.

돈이 많다고 판단하기 쉽지만 이는 함정이다.

이 사람의 돈의 크기를 평가하는 데에는
다양한 시각이 존재하기 때문이다.


A 15억짜리 집을 대출 없이 구입

B 10억 대출하여 15억짜리 집 구입

C 월세 200만 원을 내고 15억짜리 집에 거주

D 15억짜리 집에 사는 친구 집에서 사진만 찍음


과연 이 사람이 가지고 있는 돈의 크기는 얼마일까?

당사자가 진실을 말하기 전까진 아무도 모른다.


그래서 이를 이용한 사기꾼이 판을 치고 있으며
많은 이가 수많은 피해를 겪었다.

최근에 들었던 사례를 통해 이야기해보자.

어떤 사람이 어느 날 SNS를 하는데

# 네 사람 중 돈이 가장 많은 사람은 누구일까?

15억짜리 집을
대출 없이 구입

10억 대출하여
15억짜리 집 구입

월세 200만 원을 내고
15억짜리 집에 거주

15억짜리 집에 사는
친구 집에서 사진만 찍음

초등학교 동창 A가 친구 추가를 했다.

그래서 친구의 SNS를 봤는데

벤틀리라는 3억짜리 수입차를 타고 다니며,

하나도 갖기 힘들다는

롤렉스 시계를 세 개 이상 갖고 있었다.

또 중국과 싱가포르에 자주 출장 간다며 사진을 올려서

'엄청나게 성공했구나.'하고 생각했다.


그렇게 6개월 동안 온라인으로만 인사를 하고 지내다가

초등학교 동창 모임에 나가게 된 이 사람은

사업가로 멋지게 성공한 A의 모습을 실제로 보았고,

그 자리에서 마신 술값을 모두 계산하고 나가는 모습에

다들 뒤에서 "와, 돈 많이 벌었구나."라고 수군 댔다고 한다.

문제는 1년이 지나고 발생했다.

그날 참석했던 동창 한 명이

사업을 같이 시작해보지 않겠냐는 A의 말에

2000만 원을 투자했고

몇 개월 후 사기를 당했다는 사실이 밝혀진 것이다.


투자해서 피해를 입은 그 친구는 뒤늦게 A의 뒷조사를 시작했다.

A는 중고차를 리스 월 200만 원에 타고 있었으며,

그가 가진 명품 시계나 명품 지갑은 모두 가짜였고,

그가 거주하는 집은 월 300만 원짜리 월세였다.

결국 투자했던 친구는 자신의 돈을 모두 날렸고,

A는 자신도 몰랐다며, 자신도 피해자라며 소식을 끊었다고 한다.

여기서 중요한 건

A가 가진 돈의 크기는 3000만 원도 되지 않았지만

다른 이가 그를 수십억 원을 가진 자산가로 봤던 것은

그가 수십억 원이 있다고 얘기해서가 아니라

다른 사람들이 평가한 가치가 그만큼이었기 때문이라는 것이다.


이 사례를 통해 우리는 알아야 한다.

지금 이 시대는 더 이상 돈의 가치를

명확하게 구분하거나 판단할 수 없는 시기임을.

우리는 거짓이 난무한 세상에 살고 있고

위험한 세상에 노출되어 있다는 걸 말이다.

그리고 돈에 관한 불행은 바로 여기서 출발한다.


**불행은 비교하는 대상이 있기 때문에 생긴다.**

못생겨서 불행한 것이 아니라

남들에 비해 못생겼다 생각하기에
키가 작아 불행한 것이 아니라
남들에 비해 키가 작다고 생각하기에
가진 것이 없어서 불행한 것이 아니라
남들에 비해 가지지 못했다고 생각하기에
그렇기에 불행하다.

앞서 말했듯이
돈을 과시하고, 돈이 전시되는 시대에서는
돈 크기를 객관적으로 판단하기 힘들다.
그렇기에 우리는
더 이상 다른 사람이 하는 과시에 흔들리지 않아도 된다.
존재하지 않을지도 모를 돈에 휘둘리지 않아도 된다.
돈이 보여주는 허울 좋은 파랑새에 열광하지 않는 것,
그것이 돈을 알아가는 첫 번째 발걸음이다.

그리고 이제
당신이 가진 돈에 집중하자.
당신이 가진 돈은 실체가 있고
당신이 가진 돈은 거짓이 없다.

그 실체에 지금부터 말할 방법론을 적용하면

당신은 결국

당신을 현혹했던 돈의 크기에 가까워질 수 있다.

당신이 원했던 파랑새를 온전히 가질 수 있다.

# 30년간 저축해도
# 집 한 채 못 가지는 현실

지금부터는 우리를 불행하게 만드는 또 다른 존재인

당신의 실체를 알아보도록 하자.

미리 이야기하자면

그 실체를 보는 순간 절망적인 생각이 들 것이다.

하지만 걱정하지 말자.

절망을 희망으로 바꿀 이야기 역시 준비되어 있으니.


2017년 기준 근로자 평균 연봉은 3475만 원으로

월 평균 289만 원, 실 수령액 260만 원 정도다.

넉넉잡아 당신의 소득이 300만 원이라고 생각하고
소득의 50퍼센트만 소비한다고 가정하면
당신은 150만 원을 남길 수 있다.
그 돈을 잉여 자금이라 한다.
이 잉여 자금을 한 푼도 쓰지 않고 저축하면 어떻게 될까?

시중은행 금리를 연 1.5퍼센트라고 한다면
1년에 1816만 원을 모을 수 있고
10년에 1억 9211만 원을 모을 수 있으며
30년이면 6억 6038만 원을 모을 수 있다.

그렇다면 물가상승률을 빼고 계산해도
고급 수입차는 10년간 모은 돈을 모두 사용해야 얻을 수 있고,
서울에서 30평대의 아파트를 사기 위해서는
30년간 모은 돈을 모두 사용해야 한다.
당신의 나이가 30대라면 서울 강남에 있는 아파트는 아니더라도
외곽 지역의 아파트를 구입하려면
60세가 되어야 한다는 소리다.
이 모든 것은 소득의 50퍼센트를 저축한다는 전제 조건이 있고
현실은 그마저도 불가능하다.

통계청의 가계 동향 조사에 따르면 2017년 기준으로
4인 구성의 한 달 평균 가계 지출이 약 486만 원이라고 한다.
평균 소득이 300만 원인데 4인 가족 평균 지출이 486만 원이라면
외벌이로는 결혼과 출산은 포기하라는 얘기다.

지금 이것이 대한민국 현실이고 우리가 앞으로 살아갈 미래다.
이쯤 되면 대한민국 평균인 우리는 불안할 수밖에 없다.
열심히 살고 있는데 정해진 미래가 이렇다니
억울하고 분할 만하다.
시대가 잘못된 것인가? 우리가 잘못된 것인가?

결론을 이야기하자면,
**가해자는 시대이지만 피해자는 모두이고**
**결정적으로 책임져야 하는 것은 우리가 되어버렸다.**

# 한강의 기적은
# 더 이상 우리 이야기가 아니다

정해진 불행으로 치닫고 있는 시대
그 시작에는 '한강의 기적'이 있었다.


외국에서는 우리나라를 '한강의 기적'을 이룬 나라라고 말한다.
1945년, 1인당 국민소득 60달러였던 최빈국에서
1995년, 국민소득 1만 달러를 달성하기까지
엄청나게 빠른 경제 성장을 했기 때문이다.


식민지에서 해방되며 경제와 금융이라는 단어가

만들어진 시점은 대략 1950~1960년이다.
금융이라는 단어가 생기고
40년 만에 1만 달러 소득을 이루는 나라.
미국과 영국 등 다른 선진국은 수백 년이 걸린 일을
40년 만에 이룬 나라가 대한민국이다.

이전에도, 앞으로도 세계사에 없을 정도의 가파른 성장.
이것이 지금 당신이 돈을 모르게 된 이유이며
돈을 무작정 모으기만 하는 이유다.
한강의 기적이 오늘의 불행을 만들었다.

이게 도대체 무슨 소리일까?
조금 더 자세히 살펴보자.

우리나라는 1960년을 기점으로 1998년까지
40년간 평균 금리가 15~20퍼센트 수준이었다.
여기서 금리는 1년간 은행에 돈을 맡기면 주는 이자율이다.

만약 20퍼센트의 금리로 1억 원을 은행에 맡기면
1년 후 은행은 1억 2000만 원을 준다는 얘기다.

게다가 만약 이 금리가 복리로 계산된다면
그 위력은 훨씬 더 파괴적이다.

복리는 원금에 이자까지 합한 금액에
다시 이자가 붙는다.
예를 들어 1억 원을 20퍼센트 금리로 복리로 계산하면

1년차 = 원금 1억 원 → 이자 2000만 원
2년차 = 원금 1억 2000만 원 → 이자 2400만 원
3년차 = 원금 1억 4400만 원 → 이자 2880만 원
4년차 = 원금 1억 7280만 원 → 이자 3456만 원
5년차 = 원금 2억 736만 원 → 이자 4147만 원
5년차 총 원금 2억 4883만 원

이렇게 계산된다.

원금인 1억 원만 계속 은행에 두면 매년 이자는 2000만 원이 되어
5년이 지나면 2000만 원 × 5년 = 1억 원의 이자를 받게 되지만 (이런
이자 방식을 단리라 이야기한다.)

복리로 이자를 받게 되면 원금의 절반 수준인
무려 4883만 원의 이자를 더 받아
총 1억 4883만 원의 이자를 받는다.

이렇게 20년간 20퍼센트의 복리로
수익을 올린다면 얼마가 될까?
무려 38억 3375만 원이 된다.
1억 원을 은행에 맡기고 가만히 있으면
20년 후에 38억 원이 되어 돌아온다는 것이다.

주식 투자로 늘 전 세계 3위권 부자에 순위를 올리는
96조 원의 자산을 가진 투자의 대가 워런 버핏도
40년이 넘는 시간 동안
매년 복리로 20퍼센트대 수익을 거둬
지금의 부를 이뤘다.

자 이제 다시 돌아가보자.
만약 은행에서 20퍼센트 수준으로 이자를 준다면
돈을 불리기 위해서 무엇을 하면 될까?

저축만 하면 된다.

다른 것을 고민할 이유가 전혀 없다.

부자가 되는 가장 빠르고 안전한 방법은

일찍 취업하여, 열심히 절약하고 저축하는 것이다.


"한눈팔지 말고 열심히 일해서 아껴 쓰고, 저축해라."

어디서 많이 듣던 이야기가 아닌가?

바로 우리가 부모님에게 주야장천 들었던 이야기이자

부모님이 우리에게 해주는 돈에 대한 유일한 조언이었다.

그리고 이 격언은

열심히 일하고, 월급을 알뜰히 모으는

우리들의 자화상이 되었다.


그 시기에는 그래도 되었다.

1960~1990년대 후반까지 40년간 우리나라는

15~20퍼센트 이상의 금리를 은행에서 제공하였고,

그 시기에 경제활동을 했던 부모님 세대는

돈 욕심 부려서 투자하다 돈을 날리지만 않는다면

성실하게 열심히 살기만 하면

부자가 될 수 있었던 시기였다.

그래서 그 시기에는 '근면', '성실'이라는 단어가
부를 결정하는 요소였고,
반대로 저축하지 않고 투자하는 사람들에겐
"돈 욕심이 너무 많으면 안된다."
"쉽게 벌려고 하다가 크게 망한다."
라는 말을 자연스럽게 했다.

그 시대를 살아왔던 세대는
Low Risk High Return(적은 위험에 큰 보상)
의 행운을 40년간 누리던 기적의 세대인 것이다.

물론 그렇다고
그분들의 삶이 치열하지 않았다고는 말하지 않겠다.
한눈팔지 않고 열심히 일한 덕분에
산업과 기술은 발전했으며,
그 결과로 만든 재화는 수출로 이어져
우리나라는 아시아 최고의 수출국으로 변모했다.
또한 소득에 비해 지출을 하지 않았던 절약 정신은
국가 경제력 상승으로 이어져
지금의 경제 규모를 이루는 결정적 계기가 되었으니

그들의 땀과 눈물이

지금의 훌륭한 인프라를 만들었다.

하지만 그런 시대는 이제 끝났다.

단언한다.

그런 시대는 이제 오지 않을 것이다.

만약에 온다고 하더라도, 우리 시대에 오지 않을 것이다.


우리가 앞으로 살아갈 시대는 불경기의 시대다.

장기 저금리 저성장의 시대다.

하지만 우리는 아무런 준비가 되어 있지 않다.


부모 세대가 아무런 준비 없이

발전의 격변을 온몸으로 맞았다면

우리 세대 역시 아무런 준비 없이

불경기의 늪에 온몸이 빠져 있다.


전 세대는 몸이 힘들었을지언정

불로이득이 펼쳐진 시대라면

이 세대는 환경은 발전했지만

불로손해가 예정된 시대다.

그리고 한강의 기적이 만들어놓은 부자의 법칙 때문에
'성실하게 저축'하는 방식만을 교육받은 시대.
그래서 '무작정 성실함'이라는 잘못된 그림이 그려진 시대.
그 그림의 불이익마저 짊어진 시대가 바로 지금이다.


한강의 기적이
지금의 예정된 불행을 만들었다는 이야기는
바로 이 때문이다.

# '욜로'는 현재밖에 즐길 수 없는
# 현실의 자화상이다

이 책을 쓰고 있는 나는 투자자다.
투자자이기에 전 세대가 만들어놓은
성실함과 꾸준함의 패러다임과 항상 부딪쳐야 했다.

그리고 투자를 극단적으로 배척하는 일부에게
참 많은 편견을 받으며 살아왔다.
'돈 욕심 많아 나중에 망할 게 뻔한 아이'라고.
나는 그들에게
이제 투자는 선택이 아닌 필수라며 설득했다.

당신의 아이들이 살 세상은 그때와 많이 다르다고 주장했다.

무엇보다 지금 우리는 너무 힘든 세상을 살고 있다고 호소했다.

하지만 늘 돌아오는 얘기는

"그래도 너희는 밥은 먹고 살고 있다."

"지금처럼 좋은 세상에 태어난 걸 감사하게 생각해야지."

라는 말이었다.

전에 없이 발전한 인프라, 사회 시스템

그것들을 모두 감안하고라도 늘 스스로에게 되물었다.


정말 살기 좋은 세상일까?


돈에 관해서 만큼은 좋은 세상이 아니라고 확신한다.

이따금씩 참 좋고, 편리한 세상이라는 생각이 들다가도

돈을 버는 이유를 생각할 때면

나는 그 생각이 착각임을 여실히 깨닫게 되었다.


우리가 돈을 버는 이유가 무엇일까?

누군가는 꿈, 누군가는 행복 혹은 과시….

다양한 이유가 있을 것이다.

하지만 결국

"나는 앞으로 이렇게 살 것이다."

이 한마디 안에 모든 이유가 담겨 있다.

우리는 결국, 더 나은 내일을 위해 살아가는 존재이기 때문이다.

미래의 나를 위해 일을 하고

미래의 나를 위해 돈을 벌고

미래에 더 좋은 삶을 살기 위해 치열하게 산다.

그래서 힘들다.

그래서 과거보다 지금이 더 낫다고 할 수 없다.

고성장기에는 국민 대부분이 지금처럼 힘들지 않았다.

그때는 인터넷도, 커피도 없었고

지금 우리가 누리는 여유도 없었지만

지금보다 행복했다고 말한다.

이유가 무엇일까?

휴대폰도 없었던 시절, 인터넷도 없었던 시절,

해외여행 한 번 가기도 힘들었던 시절.

지금 생각하면 모든 것이 불편하기만 했던 그 시기에

사람들은 왜 더 행복했을까?

단순히 과거를 미화하는 습관 때문에 행복했다고 생각하는 걸까?

아니다. 그때는 미래를 꿈꿀 수 있는 시대였다.

나보다 열심히 일하고 부를 축적하는 사람들을 보며

나도 저렇게 될 수 있다는 생각과

지금보다 더 좋아질 것이라는 믿음이 있었기에

행복하다고 생각할 수 있었다.


그러나 믿음의 시기는 끝났다.

지금의 금리로는 아무리 저축해도

회사원이 부자가 될 수 있는 기회는 이제 없다.

버는 것보다 쓰는 것이 많은 시대.

사람들이 절약하지 않고 지출하는 이유는

그렇게 해서 모아봐야 미래가 보이지 않기 때문이다.


**과거에는 잘되고 싶다는 욕심이 있었다.**

**지금은 노력해도 이룰 수 없기에 욕심조차 내지 않는다.**

**불행은 여기서 출발했다.**


미래가 보이지 않는 시대를 겪는 나라에서

유행하는 두 가지 문구가 있다.

"현재를 즐기자!"
"복지를 늘리자!"

복지를 늘리면 시대의 불안함이 국가에 귀속된다.
그렇게 해서 돈에 대한 불안함을 해소할 수 있다면
가장 이상적인 형태의 해결책이다.
하지만 인구구조의 문제로
국민연금 고갈이 예상되고
노령 사회를 넘어
빠르게 초고령 사회로 접어드는 우리나라에서
국민연금만을 믿고 사는 건 무모한 일이다.

그렇다고 다른 종류의 복지를 무리하게 늘리면
국가 예산이 바닥나고
국가 부도 위기라는 최악의 결과를 맞이하게 될지도 모른다.

쉽게 이야기해서,
**국가가 나를 먹여 살려줄 것이라는 기대는**
**애당초 하지 않는 게 좋다.**

오늘 하루도 YOLO한 당신,
행복했나요?
아니면 여전히 불안했나요?

국가가 책임질 수 없고
그렇다고 개인이 개척할 수 있는 미래는 보이지도 않으니
현재의 삶에 충실하고 인생을 행복하게 만들자는
욜로(YOLO)가 자연스럽게 다음 대안으로 온다.
미래를 위해 지금 내 시간을 투자하는 것은
고리타분한 영감들의 헛소리라고 생각한다.

오늘 하루가 즐겁고 행복하다면
그렇게 소소한 즐거움으로 평생을 산다면 만족할 수 있을까?
답은 간단하다.
당신이 30평대 아파트를 언제 소유할 수 있는지 확인하고,
그 시기가 만족스러우면 그렇게 살아도 된다.
지출을 한 뒤 남은 돈만으로도
만족할 만한 미래가 그려지면
현재의 행복을 즐기며 살아도 된다.

지금 당신의 머릿속에는
만족할 만한 미래가 그려지는가?
소소하지만 영원할 수 있는 행복이 그려지는가?
30년 후에도 당신이 꿈꾸는 생활을 할 수 있다고 확신하는가?

그게 아니라면,

지금 당신은 이 시대가 만들어 놓은 피해를 책임질

어떠한 준비도 하고 있지 않다는 걸 인정해야 한다.


**국가가 책임질 수 있는 것도**

**평생 작은 행복에 만족하며 살 수 있는 것도 아니라면**

**어떻게 이 난국을 책임지고 해결할 수 있을지**

**이제는 고민해야 한다.**

# 돈에 관해서 우리는
# 여전히 원시인이다

주식 투자를 진행하면서 가장 하기 힘든 행동이 있다.

바로 손실을 보고 주식을 매도하는 '손절매'다.

투자할 때 늘 수익을 볼 수 없다는 걸

누구보다 잘 알고 있음에도

여전히 손절을 잘 하지 못해서 이런 고민을 한 적이 있다.

'왜 나는 손절을 못하는 것일까?'

'왜 나는 수익을 보고도 더 벌고 싶은 욕심에 팔지 못하는 걸까?'

'왜 나는 본능에 이끌려 투자를 진행하는 것일까?'

항상 궁금해하기만 하다가
우연히 본 책에서 답을 얻었다.
『인간은 여전히 원시인』이란 책에서는 인류를 이렇게 표현했다.

"호모(Homo)라는 명칭으로 시작되는 인류가
발전되어온 기간을 하루 24시간으로 줄여보면,
인간은 23시간 이상 사냥꾼과 채집자로 여기저기 흩어져 살았다.
자정이 되기 6분 전에야 비로소 인간은 농업을 시작했고,
자정이 된 바로 그 마지막 순간에 예수가 태어났다."

우리는 아직도 원시인에서 크게 벗어나지 못했다.
그래서 본능을 뛰어넘어야 하는 투자는 항상 힘들다.
예를 들어보자.
돈에 관한 진리 중에 이런 말이 있다.

**미래를 준비하라(하루라도 빨리 시간을 들여서 노력하라).**
**분산 투자하라(분할로 매수하고 분할로 매도하라).**

이러한 진리를 지키기 어려운 이유는
우리가 아직 원시시대에 했던 생각에서
벗어나지 못했기 때문이다.
원시인들은 지금 눈에 보이는 먹이를 지금 당장 먹어야 한다.
앞으로 먹이가 없을지도 모른다고 생각하기 때문이다.

'먹이'를 '돈'이라고 생각한다면 어떨까?
우리는 지금 눈에 보이는 돈을 당장 벌어야 한다.
앞으로 다시 돈을 벌 수 있는 기회가 없다고 생각하기 때문이다.
원시시대에 먹이를 바라보는 본능으로
돈을 바라보기 때문에
돈에 대한 미래의 준비를 하지 않고
지금 당장의 수익(월급)에만 관심을 갖고
우연히 찾아오는 대박 수익에 목을 매며
투자가 아닌 도박을 하는 것이다.

그렇다면 이러한 본능을 뛰어넘는 방법은 무엇일까?
답은 의외로 간단하다.
23시간 54분 동안 인간이 사냥과 채집 생활을 하다가
6분이 남은 시간에 무엇을 시작했는지 기억하는가?

바로 농업이다.

지금 눈에 보이는 먹이를

당장 먹지 않아도 괜찮을 수 있는 건

앞으로 먹을 기회가 있다는 걸 알았기 때문이다.

농업은 인간이 더 이상 먹이에 휘둘리지 않고

살아갈 수 있는 안정된 환경을 제공했다.

우리는 더 이상 본능에 흔들리지 않기 위해서

앞으로도 수익을 얻을 수 있는 기회를

스스로 만들어야 한다.


그렇다면 그것은 어떻게 만드는가?

농사와 똑같다.

수확물을 얻기 위해 1년간은 밭을 갈고 관리해야

1년 후에 결과물을 얻을 수 있다.

돈도 마찬가지다.

당신이 지금부터 노력해도

결과는 당장 나오지 않는다.

농사를 짓는 것처럼

오랜 시간 공들이며 자신의 텃밭을 만들어야 한다는 소리다.

농작물이 어디에 심어야 잘 자랄지
**돈을 어디에 투자해야 수익이 잘 날지**

지금은 어떤 농작물이 잘 자라는 시기인지
**지금은 어디에 투자해야 수익을 올릴 수 있는 시기인지**

어떻게 심어야 내년에 농작물을 많이 획득할지
**투자를 진행할 때 어떤 방식으로 해야 수익이 잘 날지**

고민하고 경험해야 한다.
분명 그 길은 쉽지 않다.
그리고 더 안타까운 사실은 당신이 걸어야 하는 그 길을
아무도 당신에게 알려줄 수 없다.
그 길은 당신이 처한
상황, 성향, 자본에 따라 다르기 때문이다.
그러나 어떤 식으로든 자신의 텃밭을 가질 때
당신은 점점 돈에 휘둘리지 않게 된다.

나 또한 마찬가지였다.
과거 내 컴퓨터 앞에는

늘 이런 문구가 붙어 있었다.

**손절하지 않는 손목 따위는 망치로 부숴라!**

이런 무서운 문구를 보고 마음을 다잡았기 때문에
어느 정도 손절을 할 수 있게 되었다고 생각하지는 않는다.
과거에 잘 하지 못했던 손절을
이제는 잘 할 수 있게 된 이유는
바로 다른 종목에서 수익을 내면 된다는
확신이 있었기 때문이었다.

여기서 말하는 확신은 바로 텃밭에 대한 자신감이다.
그리고 그 자신감은 텃밭을 만들면서 쏟았던
노력과 경험에서 나온다.

결국,
본능을 이기는 방법도
진리를 따르는 방법도
당신이 시간과 정성을
어떻게 투여하는지에 따라 다르다.

직접 돈을 다루어보고

실패하면서 경험을 쌓고

돈의 법칙을 깨닫고

마침내 수익을 낼 수 있는 당신만의 방법을 만들면

비로소 돈에 끌려다니지 않을 수 있다.

Q&A

이럴 땐 어쩌죠?

**Q. 원시인처럼 본능에 휘둘리지 않고**

**스스로 개척하는 삶을 살아야 한다는 말이 인상 깊었습니다.**

**그러나 투자에서는 정말 쉽지 않더라고요.**

**작가님이 시도했던 구체적인 방법이 있는지 궁금합니다.**

A. 지금은 습관이 되었기에 매일 보지 않지만

과거에는 매일 주식장이 열리기 전,

매수 버튼을 누르기 전, 매번 읽던 기준이 있었습니다.

저는 그것을 눈으로 보고, 읽고 주식을 시작하였습니다.

아래는 실제 제가 사용했던 기준입니다.

1. 오늘 만나는 종목이 가장 강한 종목이다.
그러니 기존의 물린 종목에 집착하지 말자.

2. 손해를 보지 않고 투자하는 투자자는 전 세계에 단 한 명도 없다.
그러니 내가 신이 되려고 하지 말자.

3. 원칙에 어울리는 종목은 매일 한 종목 이상 나온다.
조급해 하지 말고 시장을 이기려 하지 말자.

4. 지금 사는 종목을 바로 손절해야 할 수도 있다.
확신이 있어도 한 종목에 '몰빵'하지 말자.

기준은 각자의 성향과 환경에 따라 달라지지만
딱 한 가지 잊지 말아야 할 것이 있습니다.
**바로 '제로베이스' 사고입니다.**
**제로베이스 사고란**
**기존의 것에 집착하지 말라는 의미입니다.**

이는 주식뿐 아니라 모든 삶에 적용되는
이야기이니 꼭 기억하시길 바랍니다.

주식교육을 할 때 가장 가르치기 힘든 사람은
주식을 처음 하는 사람이 아니라
아주 오랫동안 공부는 했지만
큰 손실도, 수익도 나지 않았던 사람들입니다.
저 역시 새로운 원리를 받아들이고 방법을 만들 때
가장 문제 되는 것이 바로 기존의 제 생각들입니다.

지금까지 돈을 벌지 못했다면 새로운 것을 받아들여야 하지만
기존 방법에 쓴 시간과 손실 난 돈이 아까워서 포기하지 못합니다.
운으로 큰돈을 번 사람들이 가장 큰 손실을 보는 이유도
잘못된 방법으로 돈을 벌었던 경험 때문에
제로베이스 사고를 하지 못하기 때문입니다.

장사가 안되면 새로운 것들을 시도하고, 바뀌려고 노력해야 하지만
한때는 한 달에 200만 원, 300만 원도 벌었다는
생각에서 빠져나오지 못합니다.

채널을 운영하다 돌파구가 필요해

새로운 시도를 해보려다가도

기존에 해 온 것들이 아까워서 못 하는 경우가 많고

그로 인해 좋은 기회를 모두 날리는 경우도 꽤 있습니다.


지금까지 살아온 방식으로 그럭저럭 먹고살 만하니

워라밸을 즐기며 자기 삶에 만족하는 사람들은

쉽게 변하지 못합니다.

겉으로 똑똑하고 현명하게 보이는 사람이

좋은 기회 앞에서 기존의 생각과 환경에 발목 잡혀

올바른 선택을 하지 못해 기회를 놓치는 경우를 많이 봐왔습니다.


바닥에서 시작하는 사람들이 오히려 성공 확률이 높은 이유는

관성이 없기 때문입니다.

나이 때문에, 시선 때문에 시도하지 못했던 많은 것들을 내려놓고

온전히 자신을 위해서 제로베이스 사고로 시작할 수 있기에

좋은 성과가 나왔던 것입니다.


그러니 꼭 제로베이스 사고에서 기준을 새롭게 정립하고

이를 매일 읽고 행하면서 습관을 만든다면

더욱 성장하는 투자자가 될 것으로 생각합니다.

기억하세요. 돈의 세상은 아주 공평하고 합리적입니다.
그 세상에서 내 결과가 틀렸다면
그건 내가 틀렸기 때문입니다
다른 어떤 이유도 있을 수 없습니다.


**Q. SNS를 하면서 참 많은 사람과 비교하며 삶이 불행하다고 생각했던**
**사람입니다. 그래서 지금은 SNS를 완전히 삭제하고**
**거의 보지 않습니다. 이제 마음은 편하지만,**
**많은 이가 SNS를 활용해서 돈을 벌어야 한다고 하니**
**마음이 무겁기도 합니다. 어떻게 해야 할까요?**


A. 자기계발과 창업의 시대가 오면 많은 이가
SNS로 자신을 알려 돈을 벌어야 한다고 말합니다.
SNS가 없던 시절에는
자기 PR이라는 이름으로 시대를 이끌었죠.
중요한 것은 내가 어떤 의도로 SNS를 활용하는가에 있습니다.


과거에는 의미 없는 시간을 보내며 SNS를 했기에

남의 삶과 비교되어 짜증이 났지만
내가 필요해서 SNS를 하면,
즉 의도를 가지고 SNS를 한다면
오히려 많은 것을 배울 수 있습니다.

예를 들어 어떤 주제에 관한 내 생각을 전하거나,
자신의 투자일지와 자기계발을 하는 과정을 남기거나,
여행과 맛집에 관해 기록하려 한다면
SNS에서 활발하게 활동하는 사람들이
이제는 비교의 대상이 아닌, 배움의 대상이 됩니다.

그들이 하루에 몇 번의 콘텐츠를 올리고, 몇 시에 올리며,
어떤 폰트로 어떤 그림을 사용해서 올리는지 보게 됩니다.
그렇게 타인의 행복과 성공은
더 이상 내 불행의 원천이 아니게 되는 것이죠.
오히려 내가 앞으로 걸어갈 길을
무료로 미리 알려주는 선생님 같은 존재가 되는 것입니다.

저는 많은 사람이 본인만의 채널을 가졌으면 좋겠습니다.
단 채널에 무의미한 시간을 쓰지 않고

성장을 위한 발판으로 삼아야겠지요.

SNS를 활용한다면 훗날 그 흔적과 과정이

자신에게 가장 큰 무기가 될 수 있음을 기억하시길 바랍니다.


**꼭 명심하세요.**

**목적 없이 바라보는 SNS는 자격지심으로 돌아옵니다.**

**목적을 가지고 바라보는 SNS는 그 자체로 거대한 돈의 시장입니다.**

돈의 세상은 아주 공평하고 합리적입니다.

그 세상에서 내 결과가 틀렸다면

그건 내가 틀렸기 때문입니다.

# 3장

# 돈을 바라보는 관점을 바꾸다

**교환 수단이 아닌 기회의 발판으로**

———

실패를 경험한 것과

실패를 인정하는 것은

완전히 다른 얘기다.

———

# 월급이 적다고
# 좌절하기는 아직 이르다

선진국이 되고 성장률이 낮아지면 국가 대부분은 금리를 낮춘다.
채권금리와 인플레이션 등 많은 이유가 있지만
결국, 선진국은 금리가 낮고
저축만 해서 돈을 불릴 수 있다고 생각하지 않는다.

우리나라도 예금금리가 1퍼센트까지 내렸던 적이 있으니
우리나라에서도 저축은 더 이상
부를 늘리는 수단이 아니라는 얘기다.
그렇기에 당신은 돈 많이 버는 방법을 고민해야 한다.

내가 깨달은 방법은 다음의 다섯 가지가 전부다.


1. 기존의 소득을 늘리기
2. 새로운 소득을 만들기
3. 미혼이라면 결혼 잘하기
4. 로또 당첨되기
5. 도박, 절도, 강도 등의 불법적인 행위


4, 5번은 당신이 할 수 없는 것들이며
할 수 있다면 이 책을 사볼 이유가 없을 것이다.
3번은 결혼을 한 기혼자도 있을 것이니, 넘어가기로 하자.
그렇다면 답은 두 가지로 축소된다.


**기존 소득 늘리기**
**새로운 소득 만들기**


기존 소득을 늘리려면
사원에서 시작하여 대리, 과장을 지나
부장, 임원으로 승진하여
급여 소득을 늘리거나

자영업을 하고 있다면
매출과 순이익을 어떻게 늘릴지 고민해야 한다.
중요한 건 지금 당신의 소득은,
어제까지 당신이 살았던 삶의 보상값이란 것이다.

누군가는 월 200만 원을
누군가는 월 500만 원을
누군가는 월 1000만 원을
누군가는 그 이상을 번다.
500만 원을 버는 사람은 200만 원을 버는 사람보다
과거에 더 많은 노력을 했을 것이다.
좋은 곳에 취업하기 위해서 좋은 대학에 갔던 사람들은
좋은 학벌을 얻기 위해서 포기했던
학창시절이 분명히 있을 것이다.

금수저를 물고 태어나서 높은 소득을 얻는 사람들은
어떻게 설명할 수 있을까?
마찬가지다.
다만 그 노력의 대상이 조금 더 과거일 뿐이다.
부모 혹은 부모의 부모가 포기한 시간이 있었기에

자녀가 덕 볼 수 있었던 것이다.
역사를 거슬러 올라가면
우리 모두는 각자 동일선에 있던 순간이 있었다.
갈리기 시작한 시점이 다를 뿐이고,
그 순간에는 희생과 노력이 있었다.

그 노력의 차이를 인정해야 한다.
사회가 나에게 기회를 주지 않았다느니,
금수저를 물고 태어나서 그렇다느니
하는 말들을 나는 가장 싫어한다.

이런 말을 하는 사람들은 그런 것들을 부러워하고 불평하며
남은 삶도 평생 남과 환경만을 탓하며
비참하게 살아갈 것이 뻔하기 때문이다.
그러니 싫어도 인정해주자. 인정해줘도 된다.
첫 월급의 크기로 부자가 결정되지는 않기 때문이다.
그리고 월급 차이가 있더라도
누구든 얼마든지 부자가 될 수 있기 때문이다.
그러니 지금부터 당신의 소득을 올려보자.
돈과 관련된 일을 오래 하다 보니

같은 학교에 다녔던 대학 후배들이
돈에 관한 이야기를 듣고자 사무실로 자주 찾아온다.

한날은 대기업에 근무하는 A가 찾아와서 이런 얘기를 했다.
"형, 이번에 B 집들이를 갔는데 글쎄,
아파트를 장만했더라고요."
B는 취업 준비를 성실히 하지 못해 공장에서 일하는 친구다.
"어디서 돈이 났냐고 물어보니까 전에 모아둔 돈으로
작은 아파트를 샀는데 그게 많이 올랐다고 하네요."

그러면서 나에게 이렇게 물었다.
"B가 형한테 찾아와서 그런 정보도 듣고 하나요?
저도 그런 정보 주실 수 없어요?" 그 말에 나는 대답했다.
"너 돈은 있냐?"
"아니요. 아직, 모아둔 돈이 별로 없어요."

A는 좋은 곳에 취업하여
초봉으로 4000만 원을 받았으며
지금은 7000만 원 정도의 연봉을 받고 있다.
그러나 A는 1년에 두 번 해외여행을 즐기고

수입차 두 대를 몰고 있으며 명품 가방과 신발을 즐겨 신고
주말이면 국내 맛집 투어를 떠나는 욜로족이다.

B는 초봉으로 2700만 원을 받았으며
지금은 3400만 원 정도를 받고 있다.
B는 신혼여행을 제외하고는 아직 해외여행을 간 적이 없으며
소형 국산차 한 대를 몰고 있다.
명품 가방과 신발을 소유했는지는 모르지만
주말이면 부동산 공부를 하는 모임에 나가
활동하는 것으로 알고 있다.

A가 B보다 연 3600만 원을 더 벌지만
자산은 B가 A보다 무려 2억 원이 더 많다.
나는 해외여행과 명품, 수입차로
이 둘의 차이를 말하고 싶지는 않다.
이 사례에서 내가 이야기하고 싶은 핵심은 두 가지다.
소득과 자산의 상관관계를 알고
진짜 소득의 의미를 찾는 게 첫 번째이며
A와 B가 서로 돈을 바라보는 관점이 다름을 아는 것이 두 번째다.
먼저 첫 번째 주제에 대해 살펴보자.

버는 돈의 양보다 중요한 건
쓰고 남은 돈의 크기다.

소득을 보면 A가 B보다 거의 두 배를 더 번다.

하지만 자산은 B가 훨씬 많았다.

여기서 소득은 내가 얼마를 버느냐로

정해지는 게 아니라는 걸 알 수 있다.


**돈의 시각에서 소득이란,**

**벌고 쓰고를 거친 후 당신에게 남은 자본의 전부를 뜻한다.**

200만 원을 벌어서 100만 원이 남으면 소득은 100만 원이고

1000만 원을 벌어서 100만 원이 남아도 소득은 100만 원이다.

우리는 이것을 잉여 자금이라고 부른다.


이 '잉여 자금'에 부자가 되는 길이 숨어 있다.

잉여 자금을 중심으로 앞서 했던 말을 다시 한 번 상기해보자.

돈을 더 벌기 위해선 두 가지 방법이 있다고 했다.


**기존 소득 늘리기**

**새로운 소득 만들기**


기존 소득을 늘리려면

지출을 통제하여 잉여 자금(이것이 곧 소득이므로)을 늘려야 한다.

잉여 자금을 늘리는 방법은 많다.

통장 쪼개기를 한다든지, 가계부를 쓴다든지,

절세한다든지, 욕구를 통제한다든지 하는 것들 말이다.

굳이 이 책에서는 그 내용을 언급하지 않으려 한다.


이유는 두 가지다.

첫 번째는 이런 내용은 당신이 조금만 검색해도

얼마든지 얻을 수 있는 지식이기 때문이다.

당장 유튜브에 '절약'과 '가계부' 혹은 '지출 줄이는 법'을 검색하면

수십 가지 방법이 나온다.

누구나 쉽게 알 수 있는 것들로

책의 지면을 낭비하고 싶지 않기 때문이다.

더 결정적인 두 번째 이유는

기존의 소득을 늘려 잉여 자금을 확보하는 것은 분명 중요하나

그것만으로는 절대 돈에서 자유로워질 순 없기 때문이다.

**잉여 자금을 최대치로 늘린다고 한들 결국 급여를 넘지 못한다.**

받은 급여를 한 푼도 쓰지 않고 모아도

급여만큼의 잉여 자금밖에 모으지 못하기 때문이다.

지금은 월급을 모으기만 해서는 돈을 불릴 수 없는 시대다.

결국 돈을 불리기 위한 두 가지 방법 중

지금의 소득을 늘리는 방법은 한계가 있다.

그럼 무엇이 남았을까?
'새로운 소득 만들기'다.
새로운 소득을 만들기 위해서는 자금이 필요하다.
새로운 시도에는 늘 비용이 든다.
때문에 잉여 자금의 개념을 이해하고,
기존 소득을 늘려 자금을 확보하는 것이 중요하다.
결국 기존 소득을 늘려 잉여 자금을 모으고
자금을 형성한 후 새로운 소득을 만들어 돈을 쌓아나가는 것
이것이 부자로 갈 수 있는 현실적이고 유일한 길이다.

새로운 소득을 만드려면 어떻게 해야 할까?
그 답은
A와 B가 돈을 바라보았던 관점의 차이에서 찾을 수 있다.

# 돈은 교환의 대상이 아니라
# 기회의 대상이다

A

1년에 두 번 해외여행을 즐김.

수입차 두 대를 몰고 있음.

명품 가방과 신발을 즐겨 신음.

주말이면 국내 맛집 투어를 떠남.

B

신혼여행을 제외하고는 해외여행 간 적 없음.

소형 국산차 한 대를 소유.

주말이면 부동산 공부를 하는 모임에 나가 활동.

이 둘의 차이는 무엇일까?

언뜻 보면 소비 패턴이라고 생각할 수 있다.

한 명은 과소비를 하고 한 명은 절약하는 것으로 보이니 말이다.

하지만 이 둘의 결정적인 차이는 소비 패턴이 아니다.

돈을 바라보는 관점의 차이다.

A에게 돈은 오직 교환의 대상이다.

돈을 해외여행으로 교환하고 수입차와 교환했으며

맛있는 음식점의 식사와 교환했다.

반면 B는 다르다.

B가 주말 시간을 투자해 부동산 공부를 하는 이유는

부동산 기술을 습득하여 자신의 돈을 투자하기 위해서다.

투자할 돈을 마련하기 위해 소비를 줄이는 B에게

돈은 단순히 교환의 대상이 아니다.

B에게 돈은 기회의 대상이다.

B에게 돈은 동등한 가치의 재물을 교환하는 도구가 아니라

훗날 더 많은 돈을 모으기 위한 기회의 가치로 활용된다.

B처럼 돈을 기회의 대상으로 보는 행위,

그것이 새로운 소득을 만드는 결정적 관점이다.

지금까지의 말을 요약하면

결국 돈을 알고 돈을 벌기 위해서는 두 가지 단계가 필요하다.

**소득의 개념을 새롭게 잡고,**
**잉여 자금을 확보하여 돈을 마련한다.**
**그 돈을 기회의 대상으로 인식하여**
**새로운 수익 형성을 위한 발판으로 삼는다.**

그렇다면 물어보자.
돈을 기회의 대상으로 보는 사람은 어떤 사람일까?
돈을 얼마나 버는지에 초점을 맞추는 사람이 아닌
돈을 가지고 어떤 삶을 살아갈 수 있는지 탐구하는 사람
돈을 가지고 어떤 기회를 얻을 수 있는지 공부하는 사람
이런 종류의 사람을 나는 투자자라고 부른다.
(그리고 내 목적을 여기서 고백한다. 나는 당신을 투자자로 만들 예정이다.)
새로운 소득을 만드는 거의 유일한 방법은
투자자가 되어 투자를 하는 것이다.

# 파이프라인을
# 새로운 관점으로 바라보다

지금까지 투자라는 단어를 떠올릴 때

당신이 어떤 생각을 했는지는 중요하지 않다.

그러나 당신을 투자자로 만들기 위해

나는 지금부터 투자에 관한 당신의 생각을 완전히 바꾸고 싶다.


그러기 위해서는 가장 먼저

기존에 알고 있던

투자의 근본적인 틀이 무엇이었는지 살펴봐야 한다.

아마, 투자를 설명하는 가장 유명한 이야기는

'파이프라인' 우화일 것이다.

대략적으로 소개하면 다음과 같다.


성공을 갈망하는 A와 B가 있었다.

둘은 매일같이 서로의 성공을 기원하며

돈을 벌 기회를 찾고 있었다.

그리고 얼마 지나지 않아 두 사람에게 기회가 찾아왔다.

재력가 C가 산꼭대기에서 내려오는 물을

아랫마을까지 가져다주면 한 통당 10만 원을 주겠다고 했다.

열심히 일하면 돈을 벌 수 있다는 생각에

A와 B는 아침 일찍 일어나

오후 늦게까지 산을 올라

저녁이 지나서야 물 한 통을 가지고 왔다.


매일 10만 원의 돈을 모았던 A와 B의 생활은 행복했다.

그러나 시간이 지나자 문제가 발생했다.

평소 건강하고 체력이 좋았던 A는 매일같이 일을 할 수 있었지만

몸이 약했던 B는 한 달쯤 지나자

무거운 통을 가지고 올 엄두가 나지 않았다.

A는 매월 300만 원을 벌 수 있었고

돈을 모아 젖소와 집을 구매할 생각에 들떴다.

그리고 그 시점을 더 빨리 단축하기 위해

'더 큰 통을 가지고 올라가 물을 길어 와야지.'라고 마음먹었다.

B는 자신의 몸이 약하다는 사실을 알고,

이 일을 계속할 수 없다고 판단했다.

그래서 어떻게 하면

마을로 물을 쉽게 가져올 수 있을까 고민했고

몇 달이 지나

B는 산꼭대기에서 물이 자동으로 내려오도록

파이프라인을 형성해야겠다는 생각을 한 후

도면을 그리기 시작했다.


그리고 드디어 도면이 완성되자, 기쁜 마음으로 A를 찾아갔다.

"내가 정말 엄청난 걸 발견했어!

지금 당장 물을 가지고 오는 것도 좋지만

우리가 시간이 날 때마다 내가 구상해둔 파이프라인을 만들면

나중에는 편하게 돈을 벌 수 있을 거야."


그 말을 들은 A는 생각했다.

'흥, 말도 안 되는 소리! 언제 그 공사를 끝내냐?

차라리 나는 그 시간에 쉬었다가 더 큰 물통에 물을 채워
10만 원을 더 버는 게 좋아.'

그렇게 A는 B의 제안을 거절하고 열심히 일을 했다.
마을 사람들 역시 B의 제안을 듣자
말도 안 되는 소리라며 놀리기 시작하였고,
A가 옳다고 얘기했다.

그러나 B는 자신의 생각이 옳다는 걸 증명하기 위해
물 긷는 일을 마치고
매일 조금씩 파이프라인을 만들기 시작했다.

처음 수개월 동안은 아무런 진척이 없는 것처럼 보였지만
B는 한 번에 그리고 단숨에 이 일을 할 수 없다는 사실도
이미 알고 있었다.

몇 년이 지나
A는 자신이 타고 다닐 멋진 당나귀도 사고, 집도 구입하였다.
그리고 자신을 이렇게 만들어준 C에 감사하며
매일같이 산을 오르내렸다.

풍족한 먹거리와 아늑한 집을 갖게 된 A는

남은 돈으로 자신의 삶을 즐기기 시작했다.

일을 마감하면 매일 술을 마셨고, 친구들과 어울리길 좋아했다.

주변 사람들은 그를 성공한 사람이라고 치켜세웠고,

그와 어울려 놀기를 희망했다.


그러나 몇 년이 더 지난 어느 날 A는 충격적인 통보를 받았다.

C가 10만 원이었던 물 한 통의 가격을

5만 원만 받으라고 하는 것이 아닌가?

게다가 A는 늙고 지쳐서

젊을 때처럼 매일같이 산을 오르내릴 힘도 없었다.

더 이상 돈을 벌 수 없을 때쯤 A는 갑자기 B가 생각났다.

그래서 B에게 찾아가 보니, B는 아주 풍요로운 삶을 살고 있었다.

A는 자신의 몸이 망가지고 늙어서

더 이상 물을 가지고 올 수 없게 되었지만,

B는 먹고, 놀고, 휴가를 즐겨도

파이프라인으로 물이 내려와서 돈을 계속 벌고 있었다.


이 이야기가 전하는 의미는 아주 크다.

A는 우리가 흔히 볼 수 있는 대중이다.

지금 당장 소득을 늘리기 위해 업무량을 늘리고,
소득이 늘어나면 라이프스타일을 바꾼다.
반면 B는 당장의 소득을 늘리기보다는
소득을 얻는 형태를 변화하려고 고민했다.
단순 노동으로 얻는 소득이 아닌
시스템 구축으로 얻는 소득을 택한 것이다.
즉, B는 생산수단을 고민했다.

역사를 살펴보면 어느 시대든
갑의 위치에 있는 사람들은
생산물보다는 생산수단에 초점을 맞추고 살았다.
생산수단을 확보하는 것이
당신이 지금부터 해야 할 과제다.

'그래 이 말이 너무나 맞는 말이다. 생산수단을 확보하자!'
15년 전 파이프라인 우화를 읽고 내가 느낀 점이었다.
당신은 이 이야기에 무엇을 느꼈는가?
아마 당신도 나와 크게 다르지는 않을 것이다.
생산수단의 매력과 필요성에 대해 공감할 것이며
생산수단을 찾기 위해 지금부터 고민을 시작할 것이다.

만약 그렇다면, 당신은 나와 같은 투자자가 될 수 있다.

그리고 동시에,

**나처럼 무수한 실패를 경험할 것이다.**

파이프라인 우화가 생산수단의 확보만을

이야기한 것은 아니기 때문이다.

이 이야기에는 투자의 모든 것이 담겨 있지만

불행히도 나는 그 많은 것을 그땐 미처 다 알지 못했다.

15년간 살면서 깨우친 이 우화의 숨은 이야기들을

지금부터 당신께 들려주고자 한다.


당신은 나와 같은 큰 실패를 하지 않길 바라는 마음으로.

# 투자라 주장하고
# 도박처럼 행동한다

나는 파이프라인 우화에 감명을 받아
결국 투자자의 길을 선택했다.
하지만 그 과정에서 많은 실패를 경험했다.

이 우화가 주는 여러 가지 의미에서
오직 한 가지만 바라보았기 때문이다.
'나만의 생산수단(투자 방식)을 가져야 한다.'
이 한 가지 말이다 .
나는 나만의 투자 방식을 갖기 위해

20대 중 7년을 모두 소진했다.

"처음 수개월 동안은 아무런 진척이 없었던 것처럼 보였지만
B는 한 번에 그리고 단숨에 이 일을 할 수 없다는 사실도
이미 알고 있었다."
이 말의 숨은 의미가 무엇인지를 알아챘다면,
조금 덜 실패했을지도 모른다.
뒤늦게 배운 이 말의 숨은 의미가
투자에 관한 당신의 생각을 뒤집을
첫 번째 이야기다.

당신에게 물어본다.
투자 하면 떠오르는 단어는 무엇인가?
주식 투자?
비트코인?
부동산 투자?
경매?
창업?
대부분의 사람들은 이 질문에 대하여
이렇게 답변을 한다.

"미래의 수익을 위해 현재의 자본을 투여하는 일."

그러나 이 말은 틀렸다.

미래의 수익을 위해 현재의 자본을 투여하는 것이 투자라면

카지노에 3만 원을 거는 행위도 투자가 되지 않는가?

그런데 아무도 이 행위를 투자라고 부르지 않는다.

우리는 이와 같은 행위를 도박이라고 부른다.

왜 그럴까?

여기에는 투자에 대한 중요한 관점이 빠져 있다.

바로 시간과 정성이다.

**투자와 도박은 내가 투여하는 자금에 어울리는**

**시간과 정성을 쏟았는지, 쏟지 않았는지로 나뉜다.**


예를 들어 옆집 아저씨가 A기업 주식을 사면 대박이 난다고 하여

당신도 A기업 주식을 그냥 샀다고 하자.

주변 사람들에게

주식 투자를 한다고 할 것인가,

주식 도박을 한다고 할 것인가?

당신은 주식 도박을 하고 있다고 말해야 한다.


파이프라인을 건설했던 B는 이 점을 정확히 알고 있었다.

수개월간 아무런 진척이 없어 보였던 것은
A의 시각이었다.

겉으로 보기에는 아무런 진척이 없어 보였을지라도
B는 수개월간 파이프라인을 건설하기 위해 노력했다.
파이프라인의 종류에 대해 고민했을 수도 있고
수압과 파이프라인의 상관관계,
혹은 지지대의 종류를 공부했을지도 모른다.

그리고 막상 설치해보니
생각지도 못한 문제가 생겨
해결하기 위해 골몰했을지도 모른다.
중요한 것은 당장 성과가 나오지 않는 일이라도
B가 멈추지 않고 계속 시간과 정성을 들였다는 것이다.

B가 마침내 건설한 파이프라인은
파이프라인을 건설하기로 생각한 선택의 결과가 아니라
파이프를 샀던 비용의 결과가 아니라
선택과 비용에 시간과 정성을 들였기에 나온 결과다.

처음에는 이 사실은 몰랐기에 나는 선택과 비용에만 집중했다.

주식 잘한다는 사람에게
돈을 주고 그 사람이 사라는 종목을 샀고,
누가 돈 좀 번다고 하면
'나도 빨리 그걸 해야겠다'고 생각하고
'돈을 벌어야겠다'는 생각이 머릿속에 가득했다.
그 시기에는 시간과 정성을 생각하지 않았다.
그래서 주식을 시작하고 8년간은 내내 돈을 잃었다.
지금 생각해보면 그때는 잃을 수밖에 없었다.
내가 했던 것은 투자가 아니라 도박이었기 때문이다.

5년 전 주식으로 5억 원가량을 잃었던 사람을
상담한 적이 있다.
그때 우리는 이런 질문으로 대화를 시작했다.
"어쩌다가 그렇게 큰돈을 잃게 되었나요?"
"주변에서 주식 시장이 좋다고 하더군요.
친구들이 모두 주식을 한다고 하니
저도 덥석 은행에서 계좌 개설을 했어요.
처음에는 3000만 원 정도로 시작했습니다.
어느 날, A회사를 증권사 직원들이 추천하더군요.
뉴스에도 그 회사 실적이 좋다고 난리였습니다.

저는 뉴스를 보고 누구보다 빠르게 진입했다고 생각했어요.

그래도 어디서 들은 것은 있어서

1000만 원씩 세 번 나눠서 사야겠다고 생각했죠.

한 달쯤 되었을 때 -10퍼센트가 되더군요.

그래서 1000만 원을 더 넣었고

그렇게 또 두 달쯤 지나니 수익으로 바뀌기에

이때를 놓치면 안 되겠다 싶어서 1000만 원을 더 샀습니다.

4개월 보유했더니 70퍼센트 정도 수익이 나오더라고요.

그래서 다 팔았습니다.

6개월 동안 2000만 원이라는 목돈이 들어왔고

그걸로 아내 차를 바꿔줬죠."


그때 이 사람은 주식을 늦게 시작한 자신을 원망했다고 한다.

그리고 좀 더 많이 투자하지 않은 걸 후회했다고 한다.

"'만약 내가 1억 원어치만 샀더라도

7000만 원 정도 벌었을 텐데…'라는 생각에

팔고 나서 일주일간은 후회했어요.

그리곤 빨리 다음으로 살 종목을 찾아야겠다고 생각했지요.

그리고 드디어 찾았죠. 똑같은 상황이었어요.

마치 데자뷔 같았죠.

대부분의 증권사는 B회사의 실적이 엄청나다고 얘기했고
다음 실적 역시 수주를 미리 많이 받아서 기대된다고 했죠.
그런데, 그게 제 인생을 이렇게 만들 줄 몰랐습니다."

처음에 수익을 내고도 후회했던 기억에 그는
3000만 원에 7000만 원을 더해 1억 원어치를 샀고
그 이후 -10퍼센트가 되자
적금을 해약해서 1억 원어치를 더 샀고
그 이후 -20퍼센트가 되자
담보대출을 받아서 1억 원어치를 더 샀고
그 이후 -30퍼센트가 되자
증권사에서 돈을 빌려 신용으로 2억 원어치를 더 샀다고 했다.
총 6억을 매수했던 그 종목 가격은 지금 9만 원대다.
그 사람이 처음 투자했을 때 가격은 65만 원이었다.
나는 궁금했다.
"도대체 그 회사의 실적과 그 회사를 추천했던 정보는
어디서 들었던 것인가요?"
그분은 작은 소리로 대답했다.
"인터넷이요."
그리고 그 인터넷 기사를 읽는 데는

한 시간도 걸리지 않았다고 했다.

한 시간의 가치가 과연 6억 원에 어울릴까?

6억 원을 투여하면서 한 시간의 노력이 있었다면….

이것은 투자일까 도박일까?

여기서 깨달은 사실은 다음과 같다.

**투자하는 금액은**

**당신의 쓴 시간과 정성에 맞춰야 한다.**

예를 들어 아르바이트는

큰 기술이나 전문적인 경험과 지식이 없어도 할 수 있다.

주식 투자에 대한 경험이 크게 없었던 그분의 실력에 비춰보아

한 시간을 고민하여 투자를 결심했다면

투자 금액은

최저 시급인 9,620원 정도가 되어야 한다.

9,620원 이하의 B주식을 샀으면 투자,

그 이상을 샀으면 도박인 것이다.

내가 가장 싫어하는 투자 격언은 아래와 같다.

"돈이 돈을 벌어들인다."

절대로 그렇지 않다.

당신이 쏟은 노력보다 높은 수익이 나온다면

당신은 반드시 돈의 노예가 된다.

그리고 그 끝에는 반드시 가난이 따라온다.


처음 투자했던 A기업으로 얻은 수익이

그에게는 달콤한 독으로 다가온 것이고,

이것이 그를 돈의 노예로 만들었다.

돈의 노예가 되면 돈이 된다는 사실을 가지고

또 높은 수익을 기대하며 돈을 따라다니게 된다.

그렇게 되면 돈을 대하는 그릇이 커지는 게 아니라

굴리는 자금만 커지고

결국 그간 올린 높은 수익보다

더 큰 절망과 손실이 반드시 찾아온다.


언젠간 당신에게도 이러한 수익이 운명처럼 다가올 수 있다.

최근에는 암호화폐가 많은 사람에게

운명처럼 다가와 수익을 안겨주었지만

잠깐의 꿈같은 수익을 맛봤던 사람들은

곧 크게 좌절하였고 대부분 최악을 맞이했다.

그런 달콤함에 취하지 말아야 한다.

그것은 독이 든 성배이므로.

이 책을 읽는 당신은 스스로와 약속해야 한다.

반드시 돈이 나의 노력보다

높은 위치에 올라서지 못하게 만들고,

많은 돈을 벌고 싶으면 그에 합당한 노력을 할 것을.

# 모두가 간과한
# C의 삶에 주목하라

우리가 생산수단을 투자 행위로 보고,

투자 행위를 할 때 방법을 논하기 전에

시간과 정성이 들어가야 한다는 걸 안다면

파이프라인 우화에서 더 많은 의미를 깨닫게 된다.


먼저 생산수단에 대한 고민을 조금 더 알아보자.

생산수단이 '개발'의 영역은 맞지만

인간은 태어날 때부터 모두 동일한 '생산수단'을 갖는다.

즉, 모든 인간은 이미 태어날 때부터 동일한 '투자 방법'이 있다.

바로 시간이다.

당신이 처음 보유한 생산수단은 시간이다.


시간이 돈과 얼마나 밀접한지 알아보자.

당신은 파이프라인 우화의 C에 대해서 생각해본 적이 있는가?

A와 B는 산을 왕복하는 시간을 C에게 팔았고

그 대가로 돈을 받았다.

우리는 A와 B가 했던 행위를 노동이라 표현하고

노동을 하는 시간을 노동 시간이라고 얘기한다.

만약 산을 오고 갔던 시간이 열 시간이라고 한다면

열 시간을 대가로 10만 원을 받았다.

한 시간당 1만 원이라는 생산수단을

A와 B는 시간으로 만들었던 것이다.


그렇다면 C의 급여는 얼마일까?

C는 그 물을 다른 곳에 팔았을 확률이 높다.

20퍼센트의 마진을 받고 팔았다면

A와 B 두 명의 노동으로 총 4만 원의 마진을 남긴다.

그런데 C는 물을 나르기 위해 시간을 쓰지 않았다.

만약 C가 물통을 가지고 산에 올라가

열 시간을 사용했다면?

그는 총 16만 원을 벌게 되었을 것이다.

즉 A와 B가 가진 생산수단의 가치는

한 시간에 1만 원이고

C가 가진 생산수단의 가치는

한 시간에 1만 6,000원이다(16만 원/열 시간).


**같은 한 시간인데 노동의 가치가 달라졌다.**

**왜 달라졌을까?**

당연히 '물통 판매'라는 생산수단을 확보했기 때문이지만

**중요한 것은 C가 이 수단을 확보하기 위해 고민한 시간이다.**


C는 과연 사장의 자리에 오르기까지 무엇을 했을까?

물이 돈이 된다는 사실을 자각하고

그 물을 팔 수 있는 곳을 찾았고

그 물의 적정 가격을 정하기 위해 고민했다.

또 지속적인 판매처를 확보하기 위해

고객을 만나 설득하거나,

다양한 판매처를 미리 알아보는 등

많은 시간을 투여했을 것이다.

C는 A와 B가 쓰지 않았던 시간을 미리 사용했고,

그 결괏값을 지금 보상받는 것뿐이다.

즉, 생산수단을 만드는 행위에는

이처럼 반드시 '시간'이 들어가야만 한다.


여기까지 이해했다면 다음을 이야기해보자.

시간을 쏟는 행위만큼 중요한 것은

시간을 쏟는 방향이다.

A가 했던 행동이 기억나는가?

A는 더 큰 물통으로 더 많은 시간을 써서

당장 돈을 더 벌고자 했다.

그렇게 해서 돈을 불렸지만

C가 10만 원에 사던 물 한 통을 5만 원에 사겠다는 말을 했을 때

그의 시간 가치는 반으로 줄어버렸다.

만약 C가 더 이상 물을 받지 않겠다고 하면 어떻게 되는 것인가?

그동안 투자했던 많은 시간이 A에게 되돌아오지 않는다.

이유가 무엇일까?

A는 열 시간을 투자하여 물을 날랐지만

그 행위가 온전히 자신의 것이 아니었기 때문이다.

분명 시간을 들여 노력했음에도

생산수단이 C에게 귀속되어 있기 때문에
자신의 시간을 온전히 생산수단의 가치로 교환하지 못한다.
문제는 우리가 A와 같은 방식에 머물러 있다는 것이다.
기본 생산수단인 '시간'을 온전히 '자기 수단'에 쓰지 않는다.

예를 들어 사원으로 입사하면 100만 원을 받지만
대리가 되면 120만 원을 받게 된다.
사원이나 대리나 출퇴근 시간이 똑같지만
보상이 다른 이유는
대리는 회사에 시간을 더 많이 투여한 사람이기 때문이다.
그래서 우리는 더 열심히 노력해서
더 빨리 승진하여 더 많은 급여를 받길 원한다.
그러나 그러다 퇴직을 하게 된다면?
회사 안에 있을 때 인정받던 노동 시간의 가치는
회사 밖에서 대부분 사라진다.
A가 물값이 반으로 떨어져도 아무 말도 못한 것처럼,
많은 이들이 퇴직을 하고 힘들어하는 이유가 바로 여기에 있다.
지금껏 당신은 회사를 위해 당신의 시간을 투여했지만,
회사를 나와서는 그 가치를 인정받지 못하기 때문이다.

그렇기에 생산수단에 사용하는 시간의 방향은

온전히 자신을 향해야 한다.

자신만의 파이프라인을 건설한 B처럼,

물을 판매할 수 있는 경로를 확보한 C처럼 말이다.

이것이 바로 우리가 그들이 되어야 하는 이유다.

# '지금까지'를 받아들일 때
# '지금부터'가 시작된다

이 책을 쓰기로 마음먹고 다시 이 우화를 꺼내 읽어보았다.

'과거에는 생산수단을 만들자!'가
이 이야기의 핵심 내용이라고 생각했고
'그 수단은 시간과 정성이 필요하다!'가
지난날까지 새로 깨달은 내용이었다면
이제 나에게 보이는 궁금증은 전혀 다른 것이었다.

**그럼 왜 B는 다른 선택을 했던 것일까?**

B가 더 똑똑해서?

B가 학벌이 더 좋아서?

B가 집이 더 잘살아서?

아니다 바로, 체력이 좋지 않아서였다.

A보다 체력이 좋지 않아 육체적으로 힘들었던 B는

당장의 생산물을 획득하는 데 한계를 느꼈다.

한계를 돌파하기 위해 B는 새로운 방안을 생각해낸 것이다.

나는 B가 한계를 자각하고 다른 방법을 생각하기 시작한 그 순간을

'계기'라고 표현한다.

돈을 알게 된 후 투자자가 된 모든 사람들에게는 계기가 있다.

아무 이유 없이 투자자가 된 사람은 세상에 존재하지 않는다.

계기는 자신만의 생산수단을 결정하도록 한다.

자기만의 생산수단을 갖는 건

파이프라인에 주도성을 담는 걸 의미한다.

결국 계기는 '생산수단을 가져야겠다'고

다짐하게 만드는 중요한 요소인 것이다.

그렇다면

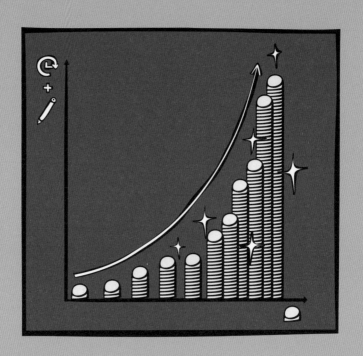

나는 어떤
투자자가 될까?

미래를
고민하는
시간은
돈이 된다.

많은 사람을 부자로 만들어 준
'계기'는 도대체 언제 오는 것일까?

궁금증을 풀어줄 첫 번째 열쇠는 바로
**미래에 대한 고민이다.**

사실 계기는 영업직에서 가장 많이 사용한다.
영업이 필요한 모든 곳에서는
영업 사원이 스스로 설정하는 계기를 아주 중요하게 여긴다.
그들은 직접 몸으로 뛰며
회사의 이익을 위해 상품을 팔아야 하는 직무인데
직접 뛰기 위해서는 스스로 움직일만한 근거,
즉 계기가 있어야 하기 때문이다.

내가 아는 훌륭한 영업 조직에서
신입 사원을 모집하면 가장 처음으로 하는 활동이 있다.
바로 꿈 판을 만드는 것이다.
큰 도화지에 자신의 미래를 적고,
타고 싶은 차량도 출력해서 붙이고
꿈을 언제 이룰 수 있는지 구체적으로 서술한다.

그리고 그 내용을 팀원과 공유한다.

갖고 싶은 것을 나열하고
이루고 싶은 삶을 나열하니
지금 열심히 살지 않으면 꿈꾸는 삶을 살 수 없다는 걸
스스로 알게 된다.
그리고 그것이 영업을 열심히 하는 계기가 된다.

그렇다면, 두 번째 열쇠는 무엇일까?
**지금의 자신을 스스로 인정하는 것이다.**

부자를 소개하고 그들의 성공담을 전해주는
텔레비전 프로그램은 늘 존재했다.
보통은 힘든 과거를 딛고 인생 역전을 하는 사례가 많다.
투자 관련 책을 쓰거나
성공담으로 유명한 사람들은
대부분 투자로 크게 한 번 망하고 혹은 두세 번 망하고
다시 일어선 경우가 많다.
그렇다면 꼭 불우한 환경과 실패 경험이 있어야 성공할까? 아니다.
우리는 그들이

불우한 환경을 겪으며, 실패를 겪으며
얻어낸 게 무엇인지 찾아내면 된다.
여기서 중요한 건,
그들이 실패를 인정한 사람들이라는 사실이다.

**실패를 경험한 것과 실패를 인정한 것은
완전히 다른 얘기다.**

간혹 장사를 하다 접는 사람을 상담하다 보면 안타까울 때가 있다.
그들이 가게를 정리할 때 나는
"왜 망했다고 생각하나요?"라고 물어본다.
대부분의 사람이 이때 이렇게 대답을 한다.
"경기가 안 좋아서요."

나는 지난 10년 동안 '경기가 참 좋다'는 말을 들어본 적이 없다.
아마 지금 30대인 사람들은 내 말에 공감할 것이다.
당신은 경기가 좋다는 말을 들었던 기억이 있는가?
아마 없을 것이다.
그렇다면 경기가 좋지 않아서
모든 가게가 문을 닫고 장사를 접을까? 아니다.

경기가 좋지 않다는 사실을 모르고
장사를 시작한 것도 분명 아니었다.
나는 단호하게 얘기했다.
"그건, 핑계에 불과합니다.
제가 묻는 건 환경이 아니라 사장님이 무엇을 잘못했는지입니다."

장사에 성공하는 사람들은
자신이 무엇을 잘못했는지 정확하게 인지한다.
예를 들어 '자리가 안 좋았다', '아이템이 안 좋았다.'
'손님 관리가 안 되었다', '직원 교육에 실패했다.' 등
잘못된 이유를 정확하게 인지하고 인정해야
다음에 똑같은 실수를 반복하지 않는다.

나는 주식 투자를 하면서 7년간 돈을 잃었던 사람이다.
돈을 벌었던 시기와 그때 샀던 종목은
기억나지 않는 경우가 많지만
돈을 잃었던 시기와 그때 샀던 종목은 정확하게 기억한다.

나는 매년 잃으면서 잘못을 인정했고
인정한 후에는 같은 잘못을 하지 않겠다고 다짐했다.

돈을 잃은 방법을 하나하나 없애다 보니
내게 남은 건 돈을 잃지 않는 방법들이었다.

다시 파이프라인으로 돌아가보자.
많은 사람들이 'B의 체력이 좋지 않아서'
파이프라인을 만들 수 있었다고 생각하지만
내 생각은 다르다.

자신이 A보다 체력이 떨어진다는 사실을 인정했기에
파이프라인을 만들 수 있었다.
체력의 한계를 인정하고 해결책을 찾다 보니
파이프라인이라는 생산수단을 생각해낸 것이다.

누군가는 미래를 고민하다가 자신의 한계를 인정하고
누군가는 한계를 인정하고 나서 미래를 고민한다.
무엇이 먼저인지는 중요하지 않다.
다만 언제라도 자신의 현 상황을 정확하게 인정하는 사람들이
미래를 걱정만 하는 사람들보다 성공에 더 가까울 뿐이다.
실패는 성공의 어머니라는 말이 있다.
이 말이 완전하려면 한 가지가 더 붙어야 한다.

실패를 인정하고, 그 실패에서 배움을 찾을 때 비로소
실패는 성공의 어머니가 된다.

투자자가 되기 위한 계기를 만들려면
한 번쯤은 잠시 멈춰 서서 자신의 미래를 그려보고
매 순간의 실패 속에서 자신을 인정해야 한다.
위 두 가지 과정을 거친다면
그냥 지나칠 수 있는 모든 것들이
언제고 당신의 계기가 되어 투자의 길로 인도할 것이다.

조금 더 욕심을 내면,
이 책이 당신에게 계기가 되었으면 한다.
내 이야기에 공감하길 바란다.
세상을 살아가면서 겪는 모든 것에는
돈이 있었으나 그 중요성을 미처 몰랐음을
그리고 이제는 돈을 모르고 살 수 있는 시대는 지나갔음을
돈을 알기 위해서는 스스로 투자자가 되어야 함을
인정하길 바란다.
인정했는가?
그렇다면 지금부터

당신이 어떤 행동을 해야 하는지를
하나하나 알아보자.

아는 만큼 보이는 돈 이야기

# 당신이 고급 정보를
# 얻을 수 없는 이유

돈과 관련된 이야기를 하다 보면 많은 사람이
특정 정보가 있어야 투자할 수 있다는
잘못된 생각을 한다.


부자들만이 알고 있는 정보
소수만 알고 있는 정보
은밀한 정보

이런 것들의 가치와 의미는 무엇일까?

지금부터 예를 들어 설명해보자.

A와 B라는 사람이 있다.

A는 자신만의 근거와 판단으로 주식 투자를 해 돈을 벌고 있었지만
B는 주식 시장에서 수익이 나지 않는다고 늘 한탄만 하고 있었다.

어느 날 A와 B가 점심을 먹게 되었다.

B가 얘기한다.

"불합리한 정보 때문에 개인 투자자들은 늘 손해를 보고
그 정보를 먼저 알고 있던 소수의 사람만 수익을 보는 것 같아.
시장은 너무 불공평해!"

그 말을 들었던 A가 얘기한다.

"네가 아는 정보가 확실하지 않으면 안 하면 되지.
그럼 최소한 손해는 아니잖아."

B는 이렇게 생각한다.

'그럼 다른 사람은 정보를 듣고 투자해서 돈을 버는데
그게 배 아파서 어떻게 참냐?'
'나중에 진짜 좋은 정보 얻어서 대박 수익 봐야지.'

우리는 이들의 대화에서 주식 시장에서 수익을 내는 사람과
그렇지 못한 사람의 차이를 알게 된다.
수익을 내지 못하는 사람들이 얘기하는
'불합리한 정보'에 대한 이야기를 조금 더 해보자.

예를 들어 A 회사가 새로운 소재를 개발해 특허를 따냈다.
현재 그 회사 주식이 1만 원이며,
특허를 획득한 후 2만 원까지 오른다고 가정하자.

특허를 따낸 사실을 가장 처음 안 사람은 누굴까?
그 회사의 대표일까? 새로운 소재를 만든 연구원일까?
우선순위를 확신할 순 없지만
중요한 점은 특허를 따내기 위해
대표는 돈을 투자하고 인내했으며,
연구원은 밤을 새워 연구했을 것이다.
그렇게 노력했기에
누구보다 빠르게 주식을 살 기회를 얻게 되었다.

다음으로 그 정보를 알게 된 사람은?
특허청 사람들이다.

이들은 그간 회사에서 노력을 쏟아 일했기에
특허 정보를 이용해 수익을 올릴 수 있다.
이렇게 세 번째, 네 번째, 다섯 번째….
시간이 지나 우리가 이 정보를 알게 되었다면?
어떠한 노력도 하지 않고 얻은 정보이기에
이 정보를 이용해 수익을 얻기는 힘들다.
시장은 늘 정직하고 공평하다.

당연히 수익은
**대표 = 연구원 〉 특허청 직원 〉 B** 정도가 되어야 한다.
1만 원일 때 주식을 사는 사람은 대표와 연구원이고
1만 5,000원일 때 사는 사람은 특허청 직원이며
2만 원일 때 사는 사람은 B다.

B가 한 노력을 금액으로 환산하면 0원이다.
그러나 B는 자신이 들은 정보의 가치를 높게 잡는다.
이것은 욕심이고 그렇기에 손실을 볼 가능성이 높다.

인터넷에서 한 시간 동안 검색해 얻은 정보와
한 시간 정도의 짧은 대화로 얻은 정보는

최저 시급 9,620원 정도의 가치가 있다.

노력 없이 얻은 정보로는 수익을 볼 수 없다고 생각한다면

시장에서는 노력한 만큼 수익이 난다고 생각한다면

우리가 쓸데없는 욕심을 부리는 경우는 없을 것이다.

세상에 불합리한 정보는 없다.

공평한 시장에 욕심을 넣어 스스로 불공평하게 만들고

그것이 불합리한 정보라고 떠들어대는 것이다.

Q&A

이럴 땐 어쩌죠?

**Q. 정말 평범한 직장인입니다.**

**평범한 직장인도 새로운 소득을 만들기 위해서**

**노력하면 만들 수 있나요?**

**안 된다면 지금 당장 직장을 그만둬야 하는지 궁금합니다.**

A. 질문에 대한 답변은 당연히 '된다'입니다.

그런 사람을 많이 봐왔고, 저도 경험을 했습니다.

그래서 당연히 됩니다.

그러나 직장을 그만두면

반드시 새로운 소득을 만들 수 있다는 말은 아닙니다.

시장에는 자극적인 문구가 많습니다.
퇴사하고 몇 개월 안에 수천만 원을 벌었다는 문구가 대표적이죠.
이런 글을 보면 직장에 다니고 있는
자기 모습이 초라해 보이며 조급해집니다.
그러나 전혀 그럴 필요가 없습니다.
자 그럼, 그 이유를 설명해 보겠습니다.

1. 저런 문구는 99퍼센트 교육사업으로
돈을 벌기 위해 만들어진 문구입니다.
무료 콘텐츠도 결국 교육사업과 같이
무언가를 팔기 위해서 만드는 것이기에
자극적으로 쓰게 마련입니다.
그러니 흔들릴 필요가 없습니다.

2. 돈 버는 방법을 가르치는 강사들도
몇 개월 만에 수천만 원 버는 게 최고치입니다.
수년 동안 꾸준히 수익을 올리는 부자는 드뭅니다.
단, 한 번의 프로젝트(투자, 전자책, 강의, 창업)

혹은 단기간(1~3년)에 이룬 성과일 것입니다.

그들도 부자가 되기 위해서 강의하는 것입니다.


3. 가장 중요한 것은 단기간이라도 결과를 보여준 그들도

결국 직장을 다니면서 공부했고 준비가 된 상태에서

퇴사를 결정했다는 것입니다.

만약 그들이 직장조차 없던 사람인데,

그만큼의 결과를 보여 줬다면

여러분이 그들보다 훨씬 능력도 뛰어나고

안정적으로 직장을 다니면서 자금도 확보할 수 있으니

더 빠르고 안전하게 성장할 수 있지 않을까요?


많은 사람이 그렇게 하지 못하는 이유도 분명히 존재합니다.

수천 명의 사람을 직접 만나서 상담해 본 결과

가장 큰 이유는 많은 사람이

월급 받는 생활의 타성에 젖기 때문입니다.


시간을 돈으로 가장 빠르게 환산하는 것이 바로 월급이기 때문에

'내가 한 달 일을 하면 얼마를 버는데.'라는 생각으로 인해

돈이 안 되는 시간을 견디기 힘들고

일을 하면 얼마라도 더 번다는 생각에

공부를 지속하기 힘듭니다.

또한, 돈을 받았던 시간을 노동의 대가라고 스스로 평하며 쉬는 시간,

자신에게 주는 보상 값을 설정하기 때문에

더욱 이 타성에서 벗어나기 힘듭니다.


많은 사람을 만나서 상담해 보니

급여가 적을수록 내가 스스로 할 수 있는 일이 많고

급여가 많을수록 회사에 정해진 일 시스템에 속하는 일이 많습니다.

그래서 급여를 많이 받는 고연봉자들,

안정적으로 급여가 보장되는 공무원분들이

더욱더 이 타성에서 벗어나질 못합니다.


이럴 때 꼭 생각을 전환하셨으면 좋겠습니다.

내가 하고 싶은 일이 있다면

급여가 적더라도 그 일을 배울 수 있는 공간

그리고 최대한 의사결정을

많이 해볼 수 있는 공간에 가서서 일을 배우신다면

노동을 대가로 한 월급이 아니라

내 삶을 위한 월급을 받을 수 있습니다.

그로 인해 지금 받는 급여가 적더라도
훗날 더 큰돈을 만들 수 있는 배움을 얻으실 수 있습니다.

만약 이직이 어려운 상황이라면
지금 다니는 곳에서 배울 게 하나도 없다는 생각이 든다면
그 일을 훗날 자신이 하고 싶은 일을 하기 위한
발판이라고 생각해야 합니다.
'그래 나는 이 일을 해서 얻는 돈으로 반드시 XXX를 해야지.'
주식이든 창업이든 새로운 직무의 브랜딩이든 상관없습니다.

그런 생각이 선행된다면
더 이상 급여의 노예가 되거나
그럭저럭 월급을 받는 회사 생활의 타성에 젖는 사람이 아니라
스스로 배울 수 있는 사람이 된다고 확신합니다.
돈의 세계에서는 직장을 그만두고
새로 시작하고 싶다는 생각을 버려야 합니다.
**직장을 '의지'하는 것이 아니라 '이용'해야 하는 것을 기억하시길 바랍니다.**

**Q. 유튜브를 보고 투자를 했다가 많은 돈을 잃었습니다.**
**바이오주로 수억 원을 벌었다는 사람 말에**

주식투자를 했다가 큰돈을 잃어 접었고,

안전한 부동산이 최고라며, 부동산은 불패라며

다시 집 살 기회가 오지 않는다고 말하기에 샀습니다.

대출로 저는 더 가난해졌고, 최근에는 역전세로 대출이자를 제가 대신

물어주는 상황까지 되었습니다.

그러나 그때 사라고 했던 사람들은 더 유명해지고

더 많은 돈을 벌고 있습니다. 이런 상황을 작가님도 경험했을까요?


A. 투자의 시대가 끝나면 어김없이 나오는 질문입니다.

저는 지난 20년간 수도 없이 비슷한 사연을 가진 사람들을 상담했고

저 역시 같은 경험을 했습니다.


13년 전 투자의 시대가 끝났을 무렵에는 유튜브가 없었습니다.

케이블TV의 시대였으니까요.

그래서 최근까지 경제 유튜브 채널이 쏟아져 나왔던 것처럼

그때는 케이블TV 채널들이 쏟아져 나오기 시작했습니다.

바로 다양한 이름의 경제TV였습니다.


당시에 한 경제TV에서 활동하던 전문가가

유료로 추천해 준 종목이 모두 상장폐지를 당했는데도

3개월 만에 다른 TV 채널에서 이름을 필명으로 바꿔

전문가로 다시 나왔으며,

추천을 해준 종목이 하락하더라도

계속해서 종목을 추천했습니다.

언젠가 시장이 오르면

새로운 종목들이 이슈가 되면서

과거의 일은 무마되기 일쑤였습니다.


부동산 시장도 서브프라임 금융 위기가 오기 전

지금과 같은 상황이었습니다.

방송에서는 전문가들이 집을 안 사면 바보라는 듯 말했고

지금 아니면 집을 살 수 있는

기회는 영원히 없다고 사람들을 조급하게 했습니다.

그러다 시장이 하락하면 다른 이야기로 이슈를 끌었습니다.


과거에는 저 역시 그들의 그런 행동이 모두 '사기'라고 생각했지만

지나고 보니 이해는 되었습니다.


그들도 제가 돈을 잃도록

일부러 잘못된 정보를 공유한 것은 아니었으니까요.

그들도 이런 사이클이 있다는 것을 몰랐고,
경험해 보지 않았던 것뿐 그 이상도 그 이하도 아니었습니다.
사실 저도 이것을 받아들이고 인정하기까지
참 오랜 시간이 걸렸습니다.

여기서 가장 중요한 것은 바로
경험에 생각을 더하는 것입니다.
손실을 봤다고 무조건 잘못된 경험은 아닙니다.
실패를 인정하고 발판 삼아 새로운 경험으로 이어 나가면 됩니다.
저는 당시 이런 생각을 하였습니다.

**'생각해 보니 그 누구도 남의 말로만 부자가 된 사례는 없구나.**
**결국, 남의 생각은 조언으로만 받아들이고, 내 생각에 집중해야겠다.'**

그래서 나만의 기준을 정리하는 시간을 먼저 가졌습니다.
내가 가진 기준을 정리해 보니,
기준을 실행하려면 더 많은 지식이 필요했습니다.
그때부터 필요한 정보를 찾기 시작했습니다.

다른 사람에게 들은 말이 전부인 투자자, 아니 투기자에서 그들의 말을 활용하는 투자자가 되기 시작했던 것입니다.

지금도 투자하다가 모르는 분야가 생기면
유튜브를 검색하고 그 분야 전문가의 이야기를 듣습니다.
그들은 수십 시간 공부한 결과물을
압축하여 나에게 알려줍니다.
저는 그 지식을 활용해서 내 기준이 옳은지 아닌지 판단하고
부족한 부분은 채워 나가며 기준을 더 단단하게 만듭니다.

돈의 관점을 전문가에서 나로 바꾸는 것만으로도
기존에 했던 실수를 강력한 무기로 변화시킬 수 있습니다.

**남의 말을 듣는 것은 잘못된 것이 아닙니다.**
**남의 말을 들을 만한 자신의 그릇을 갖추지 않는 것이 진짜 문제입니다.**

가장 중요한 것은 바로

경험에 생각을 더하는 것입니다.

# 4장

# 당신이 어디에 있더라도,
# 지금부터 이렇게만

### 부의 고속도로에 진입하는 4단계 솔루션

———

수많은 훌륭한 책이 투자를 권하지만

우리가 책을 읽어도 훌륭한 투자자가 되지 못하는 이유는

대부분 시간과 정성의 중요성을 모른 채

책을 접하기 때문이다.

———

# 시간과 정성,
# 방향을 제시하다

지금까지의 이야기에 공감했다면

투자자로 사는 삶이 필요하다는 걸 알았다면

이제 당신이 가장 궁금한 내용은 이게 아닐까?

**"그래서, 지금부터 나는 무얼 해야 하지?"**

그 물음에 답하는 너무나 많은 책이 이미 시중에 있다.

어떤 책은 방법에 관한 이야기를 한다.

주식을 해라, 부동산을 해라, 창업을 해라.

혹은 비트코인을 하라는 이야기까지.

또 어떤 책은 넓은 의미에서 돈을 다룬다.

돈은 이렇게 모아라.

재테크는 이런 방식으로 해라.

통장 쪼개기를 해서 금융을 통제해라.

그리고 이런 종류의 책은 앞으로도 수없이 나올 것이다.

나오는 책마다 작가들의 수년 혹은 수십 년의 노하우와

투자 경험이 담겨 있고, 그 내용이 훌륭한 책도 많지만

수백 권의 재테크, 투자 관련 책을 읽어본 나는

끝내 몇 가지 아쉬움을 감추지 못했다.


부자가 되기 위해 무엇을 하라는 책은 많았지만

왜 해야 하는지, 어떻게 해야 하는지

알려주는 책은 터무니없이 적었기 때문이다.


솔직히 얘기해보자.

당신이 한 권의 책으로 부자가 될 수 있다고 생각하는가?

당연히 답변은 '아니오'일 것이다.

그렇다면 부자가 되기 위해 어떤 행동을 하라는 수많은 책이

왜 당신을 부자로 만들어주지 못하는 것일까?

다행히 나는 지난 10년간

수많은 사람을 만나면서 알 수 있었다.

돈을 원해도 얻지 못하는 이들과의 상담을 통해

수백억 원을 벌었던 사람과의 논쟁을 통해

그리고 천억 원을 가진 사람과의 대화를 통해

그 답의 실마리를 찾을 수 있었다.

**돈에 대한 시간과 정성에 초점을 둔 책은 어디에도 없었다.**

꿈을 위해 시간을 쓰고 노력하세요.

당신의 미래를 위해 시간을 쓰고 노력하세요.

당신의 직업을 위해 시간을 쓰고 노력하세요.

라는 내용의 책은 많았지만

**돈을 위해 시간을 쓰고 노력하라는 책은 없었기 때문이다.**


돈에 대한 대부분의 책은

"이렇게 하면 돈 법니다.", "저렇게 하면 돈 법니다."

와 같이 돈을 버는 방법만을 다뤘다.

돈은 꿈과, 미래, 직업을 모두 담는

가장 중요한 요소 중 하나이지만

사람들은 오로지 버는 방법과 수익률에만 관심이 있고

과정과 이유에 대한 설명은 원하지 않았다.

돈과 관련된 책이 주는 가치는 돈이 아니라
돈을 버는 방법에 대한 영감이고,
돈을 벌었던 선배들의 경험이다.


투자에 시간과 정성이 들어가야 한다는 말은
투자자가 되기 위해서도
많은 시간과 정성이 들어가야 함을 의미한다.
훌륭한 투자자는 어느 날 갑자기 완성되지 않는다.
한두 시간 책을 읽는다고 하여
하루 이틀 공부한다고 하여
한두 명의 명사가 하는 특강을 듣는다고 완성될 리 없다.
아무리 훌륭한 책이나 사람도
시간과 정성을 대신할 순 없기 때문이다.
대부분의 책은 시간과 정성을 쏟은 사람들이 내놓은 정답에
초점이 맞추어져 있다.
그 과정에 주목하고,
그 과정에서 쏟아부은 정성 자체에 초점을 맞춘 책은 없었다.
이것을 깨달았기에 나는 부자가 되었다.
이런 방법을 파악했기에 나는 수십억 원을 모았다.
이것만 행하면 당신도 건물주가 될 수 있다.

사람들이 궁금한 건 과정이 아니라 해답일 테지만
나는 아직까지 과정 없이 방법만을 깨우쳐 부자가 된 사람을
단 한 명도 만나보지 못했다.
그래서 지금부터 나는 당신의 시간과 정성을 어떻게 쓰는 것이
투자자로 성장하는 데 도움이 되는지
즉 당신이 지금부터 무엇을 해야 하는지 알려줄 것이다.

**이 과정에서 중요한 건**
**당신이 어느 과정에 있느냐에 따라 방법이 달라진다는 사실이다.**

"좋은 대학에 들어가기 위한 지식은 무엇인가요?"라는 질문에
수학을 잘하기 위해서 미분과 적분을 잘 알아야 한다는 말이나
언어 영역을 잘하기 위해서 문장 독해력을 높여야 한다는 말이
정답일까? 아니다.
답은 질문자가 누구인지에 따라 다를 것이다.
질문자가 고등학생이라면 정답이겠지만, 초등학생이라면?
중학생이라면? 혹은 유치원에 가야 할 미취학 아동이라면?
오히려 그들에게 이 답은 수학을 멀리하게 만드는,
국어를 멀리하게 만드는 독약이 된다.
거듭 말하지만

대한민국에서 살아가는 대부분의 사람은
아직 돈에 대해 준비되어 있지 않다.
높이 평가하면 초등학생 수준이고
냉정하게 평가하면 유치원생 수준이다.
이 말을 당신을 폄하하는 것으로 받아들인다면 유감을 표한다.
하지만 내 생각을 바꿀 순 없다.
이것이 지난 10년간 내가 만났던 평범한 사람들에게 느낀
나의 솔직한 평가니까.

수많은 훌륭한 책(분명 훌륭한 책은 많다)을 보고도
당신이 훌륭한 투자자가 되지 못했던 이유는
시간과 정성의 중요성을 모른 채 책을 읽기 때문이다.

또한 미분과 적분을 배우기 위해 익혀야 하는 산수의 중요성을
독해력을 높이기 위해 배워야 하는 한글의 중요성을
간과한 것처럼 수준에 맞는 단계별 과정이 빠져 있기 때문이다.

시간과 정성의 중요성을 언급하거나
단계별 과정의 필요성을 말하는 책이 전혀 없진 않다.
허나 그 책의 대부분은 외국 서적이었다.

그 책에 나와 있는 돈에 대한 수많은 이야기와 과정들은
저자가 살고 있는 외국의 상황을 대변하고 있었다.
분명 거기에도 돈에 대한 절대적인 진리는 있었으나
상당 부분은 대한민국 경제 상황에 맞지 않았고,
그래서 적용할 수 없는 내용도 많았다.
더욱이 대한민국은 세계 경제학계에서도
특수한 상황으로 분류할 만큼 특이성을 가졌기에,
타국의 경제 문화적 배경으로는 도저히 설명할 수 없는
돈에 대한 여러 가지 이야기도 존재한다.
한마디로,
돈과 투자에 대한 '대한민국 맞춤형 이야기'는 없었던 것이다.


이런 이유로 나는
아직 부족하지만, 용기를 내어 이 책을 집필하게 되었다.
모든 사람을 현혹할 만한 소재거리가 아니라,
한 분야에 정점을 이루었기에 할 수 있는
소수에게 잘 맞는 방법이 아니라,
실정에 맞지 않은 먼 타국의 문화에서 기인한 이야기가 아니라
모든 수준의 사람들에게 각기 적용할 수 있는
'시간과 정성'에 대한 방법론을 써보자.

수많은 훌륭한 책을 보고도
훌륭한 투자자가 되지 못하는 이유는
시간과 정성의 중요성을 모른 채
책을 읽기 때문이다.

그 방법을 대한민국에 적용할 수 있는
가장 현실적인 형태로 표현해보자는 마음으로.

당신은 이 책을 거울삼아 자신의 상황에
가장 필요한 방법이 무엇인지 스스로 알 수 있게 될 것이다.
이를 위해 지금부터
투자자가 되기 위해 필요한 방법론을 얘기할 것이다.

**나누는 기준은 간단하다.**
**바로 돈이다.**
**훌륭한 투자자는 많은 돈을 가진 사람이 아니라**
**그 많은 돈을 자신의 능력으로 만든 사람을 의미한다.**

수많은 투자자를 만나고, 배우고, 가르치며
성공한 투자자가 되려면
5억 원을 모을 수 있어야 한다는 걸 알게 되었다.
온전히 5억 원을
자기만의 투자 수단으로 만들 수 있는 사람이라면
50억 원을 만든 사람과 크게 수준 차이가 나지 않는다.
5억 원을 만들기 위해서는 1억 원을 만들 수 있어야 하고

1억 원을 만들기 위해서는 1000만 원을 만들 수 있어야 하며
1000만 원을 만들기 위해서는
0원에서 시작하는 법을 알아야 한다.

금액에 따라 해야 하는 행동은 각기 달랐고
그 단계에 필요한 행동과 지식을 온전히 가졌을 때
비로소 다음 단계로 넘어갈 수 있다는 것도 경험했다.

그래서 나는 투자자가 되기 위한 구간을
1단계 전개 구간(0원~1000만 원)
2단계 성장 구간(1000만 원~1억 원)
3단계 성숙 구간(1억 원~5억 원)
4단계 선택 구간(5억 원 이상)
으로 나누어 보았다.

지금부터 각 구간에 놓인 사람들이
무엇을 알아야 하는지, 또 무엇을 해야 하는지를
최대한 자세히 알려줄 생각이다.

# 모으고, 배우고, 느껴라

잉여 자금
0원~1000만 원

많은 사람이 "나는 투자할 돈이 없어요."라는 말을 하기에
나는 0원부터 시작하는 전개 구간을 설정했다.
그러니 이제 더 이상 미루지 말고 시작해보자.

전개 구간은 투자자로서의 삶을 전개하는 구간이다.
이 구간에서 당신이 해야 하는 것은 두 가지다.
적금으로 1000만 원을 모으는 행위와
대한민국 돈의 과거와 현재 알아가기다.

당신이 적금해야 하는 이유를 설명할 것이며
58년 개띠의 삶을 통해 돈을 이야기할 것이며
대한민국은 앞으로 어떻게 흘러갈 것인지를
일본 사례를 들어 알려줄 것이다.

끝으로
투자에서 예측은
맞추기 위한 행위가 아니라 대비(대응)하기 위한 행위임을 이야기하고
생각의 한 켠에 '돈'과 '투자'를 두는 것이
얼마나 중요한지 이야기할 것이다.

# 적금은
# 바보나 하는 짓이라고?

요즘 SNS를 보면

'적금은 바보나 하는 짓'이라는 표현을 쓰는 것을

심심치 않게 볼 수 있다.

나는 이 표현이 늘 거슬린다.

적금만큼 안전하게 돈을 모을 수 있는 수단은 없다.

물론 안전한 만큼 수익도 크지 않다.

여기까지 이 책을 읽은 당신이라면

이젠 아무런 노력 없이 수익을 바라는

바보 같은 생각은 하지 않을 것이다.

당신은 아직 돈에 대한 어떠한 노력도 하지 않았다.

이 단계에서

당신이 하는 최고의 투자 행위는

아무 리스크 없이 수익을 볼 수 있는 행위다.

그 유일한 행위가 바로 적금이다.

아직 아무런 준비가 되어 있지 않은 사람에게는

적금만큼 유용하고 현명한 투자 행위는 없다.


적금을 하면 시대에 뒤처진다고 생각하지 말자.

적금은 훌륭한 금융 상품이다.

적금을 하는 동안

투자를 준비할 수 있는 시간을 벌 수 있기 때문이다.

당신이 만약 몇 년 후 큰 전쟁을 치러야 하는

대장군이라고 생각해보자.

안타깝게도 지금 당신의 병사들은 전쟁할 준비가 되지 않았다.


당신이 상대해야 할 적은

예리한 무기와

그동안 전투에서 살아남은 노하우를 가지고 있지만

당신의 병사들은 아직

어떠한 무기도 없으며 단 한 번의 전투 경험도 없다.

하지만 다행인 것은
지금 당장 전쟁이 시작되지는 않는다는 것이고
더욱 다행인 것은
이 전쟁의 시작일을 당신이 선택할 수 있다는 것이다.

그렇다면 당신은 이제 어떻게 할 것인가?
아무런 준비 없이 지금 당장
당신의 병사들을 이끌고 적군과 싸우게 할 것인가?

당신은 분명
적과 싸워서 이길 수 있는 전략과 무기를 갖추기 전까지
병사에게 무기를 지급하고,
무기 다루는 법을 알려주며
오랜 시간 전쟁을 준비할 것이다.
이것이 상식이다.
그러나 돈에서만큼은
그렇게 하지 않는다는 게 문제다.
자본주의사회에서 살아가는 우리는

돈과 관련된 수없이 많은 선택을 하게 된다.
그런데 대부분의 사람이 이 과정에서
비상식적인 선택을 한다.

병사가 곧 돈이라고 생각해보자.
대부분은 자신의 병사들에게
아무런 무기도 손에 쥐여주지 않고 전쟁터로 보낸다.
사지로 보내는 행위다.

만약 당신이 아무런 준비 없이 주식 시장에 돈을 투여한다면
나처럼 10년 넘게 주식 시장에서 살아남은
사람과 싸우게 된다.
당신의 병사들이 나의 병사들을 이길 수 있을까?
이 점을 깨닫고 다가올 전쟁을 위해
당신의 병사들을 훌륭히 트레이닝 할 기회,
바로 그 기회가 적금이다.

당신이 적금을 하는 동안
당신에게 들려오는 수없이 많은 유혹이 있을 것이다.
"당신은 빨리 전쟁에 참여해야 한다."

적금만기

투자 시장이라는
전쟁터에서 싸우기 위해
나의 돈을 훈련시켜라.

"남들은 벌써 전쟁을 하고 있다."

"당신이 지금 하지 않으면 후회할 것이다."

라는 내용일 테다.

그때 당신이 이 속담을 기억했으면 좋겠다.

"아무리 급해도 실을 바늘허리에 꿰어 쓸 수는 없다."

그 누구도 당신에게 칼을 들고 전쟁을 하라고 협박하지 않는다.

그러니 조금만 더 상식적으로 생각하자.

아무것도 모르고 당신의 병사들이 전쟁터로 간다면

당신은 초조해질 것이고,

당연히 지는 싸움일 테지만

이길 수 있을 거란 헛된 희망을 품는 데 시간을 쓰게 될 것이다.

어쩌다 한 번 전투에서 승리해 돈을 벌 수도 있다.

허나 운으로 얻은 전투의 승리가

전쟁의 승리로 이어지지는 않는다.

노력 없이 번 수백만 원, 수천만 원이

당신을 부자로 만들어주지 않는다는 소리다.

돈을 벌든 잃든 당신은

의미 없는 시간과의 싸움을 하게 될 것이라는 소리다.
나는 온전한 자기 실력이 아닌 운으로
잠깐 돈을 버는 사람들은 수도 없이 많이 보았지만
부를 이루었다는 소리는 단 한 번도 들어본 적이 없다.

그러니 당신이 적금을 들면서 해야 하는 일은 단 하나다.
다른 곳에 신경 쓰지 마라.
당신의 병사들이 어디에서 싸울 것인지
그리고 그 병사들에게 어떤 무기를 줄 수 있는지만 고민하라.
이렇게 말해도 여전히 조급함에 시달릴 당신을 위해
성웅 이순신의 말을 마지막으로 해본다.
"마음을 흐트러트리지 마라, 담대하게 적을 맞이할 준비를 하라."

# 베이비붐 세대와
# 우리나라 경제의 상관관계

이쯤 되면 당신은 이것이 궁금해질 것이다.
'병사를 모으는(적금) 사이에 나는 무엇을 알아야 하지?'

당신은 크게 세 가지를 준비해야 한다.
거시적 관점에서
대한민국의 경제가 어떻게 움직여왔는지를 알아야 하며
앞으로의 투자 수단들이 어떻게 흘러갈 것인지를 예측해야 하며
무엇보다 투자를 당신의 관심 안에 가두어야 한다.
대한민국의 경제가 어떻게 움직여왔는지 알아야 하는 이유는

투자의 본질과 흐름을 이해하는 데
중요한 요소가 되기 때문이다.
앞으로의 투자 수단을 예측하는 것은
예측에 따라 나의 투자 수단,
혹은 투자 전략을 선택하기 위해 필요하다.
투자를 자신의 관심 안에 가두어야 하는 이유는
선택적 자각을 하는 인간은,
보이는 것이 아닌 보고자 하는 것을 보기 때문이다.
이 세 가지를 모두 완벽하게 다루고 설명하기 위해서는
책 수십 권 분량이 필요하다.
그래서 이 세 가지를 나의 관점에서,
이 책에 담을 수 있는 용량을 고려해
최대한 압축시켜 당신에게 전달하고자 한다.
여기에 당신이 준비해야 할
모든 것이 담겨 있지는 않다.
하지만 이 내용을 토대로 추가적인 공부를 더한다면
당신은 비로소 다음 단계를 위한 준비를 모두 마치게 된다.

이 책을 읽는 내내 잊지 마라.
투자의 모든 근원은 결국 시간과 정성임을.

먼저 거시적 관점에서

대한민국 경제가 어떻게 움직여왔는지를 살펴보자.

돈을 알기 위해서

투자를 알기 위해서 배워야 할 가장 기본적인 것은

돈과 투자물이 속해 있는 나라의 환경과 구조다.

환경과 구조를 설명하는 방식은 많으나,

수많은 방법을 배우고, 익혀본 결과

가장 직관적이고 직접적인 상관관계가 있는 건 인구구조다.

어쩌면 당연한 이야기일지도 모른다.

돈은 사람과 사람 사이의 거래 수단을 의미하며

투자는 결국 사람들이 있는 곳에 형성된 유무선 자산에

자본, 시간, 정성을 투여하는 행위며

돈이든 투자든,

결국 사람으로 시작해 사람으로 끝나는 행위이기 때문이다.

쉽게 말해 대한민국에서 투자자로 성공하고자 한다면

대한민국 돈의 과거와 미래를 알아보는 것이 중요하고

돈의 과거와 미래는 인구구조를 통해 파악하는 것이 좋다.


그럼 지금 우리나라가 어떤 인구구조를 갖고 있고

그 구조가 어떤 투자 결과물을 만들었는지를 살펴보자.

대한민국은 베이비붐 세대가 이끈 나라라는 걸
부정하는 전문가들은 거의 없다.
베이비붐 세대(Baby Boom Generation)란
아기들이 폭탄처럼 많이 태어난 세대를 뜻한다.
아기가 많이 태어났던 시대적 요인은 바로 전쟁이다.
전쟁이 시작되면 대부분의 남자는 전쟁터로 나가고,
결혼을 하려고 했던 사람들이 결혼을 미루고
아이를 가지려 했던 이들은 계획을 미룬다.
그렇게 시간이 흘러 종전이 되면
다시 만난 연인들이 결혼을 하고 아이를 출산하여
폭발적으로 인구수가 늘어난다.

우리나라의 베이비붐 세대는 6·25전쟁 이후에 태어난
1955~1963년생을 뜻한다.
총 750만 명인 이들이
대한민국의 문화와 경제를 좌우했다고 표현해도 과하지 않다.
750만 명의 사람들이 어떻게 생각하고 살았는지에 따라
경제와 돈이 움직였다는 이야기다.
보통 베이비붐 세대는 1958년생 개띠를 표준으로 삼는다.
그렇다면 이들이 왜 대한민국에 많은 영향을 미쳤는지 살펴보자.

이들이 스무 살이 되던 1978년 즈음에는

어떤 것이 많이 생겼을까?

바로 전문대학이다.

베이비붐 세대 이전에는 열 개의 대학이 필요했다면

베이비붐 세대가 대학에 입학하는 시기에는

급격히 늘어난 학생수를 맞추려

대학교가 엄청나게 많이 생긴 것이다.


서른 살이 되던 1988년 즈음에는

어떤 것이 많이 생겼을까?

바로 아파트(집)였다.

가족과 함께 살던 베이비붐 세대가

취업과 결혼을 하고 독립하기 위해 집을 구하자

수요를 충족하기 위해 많은 지역이

신도시 개발이나 재개발을 시작했다.

그래서 이 시대를 배경으로 했던 영화나 소설에서는

각종 개발과 관련된 이권 다툼, 강제 철거 이야기가 자주 나온다.

이때부터, 우리나라에 부동산 열풍이 불고,

부동산 불패 신화가 생기기 시작했다.

그렇게 시간이 지나
그들이 마흔 살이 되던 1998년에 IMF가 온다.
이 시대의 사람들이
투자에 부정적인 이유가 바로 여기에 있다.

개인 재무분석에 관한 공부를 하다 보면
투자에 대한 욕구가 가장 강력한 시기가 바로
30대 후반에서 40대 중반까지라고 한다.
이 시기에는 결혼도 하고, 집도 장만하고,
아이도 어느 정도 키워서
소득이 지출보다 평균적으로 높은 시기이기 때문이다.
남는 돈이 생기다 보니
그 돈을 모아 목돈을 만들고 목돈으로 투자를 하는 경우가 많다.
그래서 이 시기에 아주 많은 58년 개띠가 투자에 뛰어들었지만
주먹구구식의 투자가 먹힐 일도 없었고
때마침 IMF가 와서 투자를 했던 대부분의 사람이 망했다.

시간이 또 지나 그들이
쉰 살이 되던 2008년
서브프라임 금융 위기가 온다.

50대가 지나면

모아둔 목돈 있거나 퇴직으로 퇴직금이 생긴다.

그렇다면

그 많은 퇴직금과 목돈은 어디로 갔을까?

과거 주식 투자로 쪽박을 찼던 사람들이

이번에는 주식이 아닌 장사로 눈을 돌린다.


그렇다면 이 시기에

가장 많이 생긴 것은 무엇일까?

혼자 장사하면 망할지도 모른다는 두려움과

주식이 아닌 다른 투자처로

창업을 선택한 이들의 욕구가 만나

프랜차이즈 형태의 창업 모델이 인기를 끈다.

프랜차이즈 창업률이 급증하게 되고

그 후 지금까지 수없이 많은

커피집과 빵집, 편의점, 치킨집, 피자집이 생겨났다.


생각해보면,

2002년도 월드컵 때는

치킨집이 이렇게 많지 않았다.

대부분 아메리카노가 무엇인지도 몰랐다.

베이비붐 세대가 출현하고

그들이 나이를 먹어감에 따라

다양한 것들이 생겨나고 소멸했으며

그 결과 지금 우리가 갖고 있는 돈에 대한 생각이

사회 전반에 자리잡았다.

# 일본을 보며
# 대한민국 경제를 공부하다

베이비붐 세대 대부분이 은퇴하는 시기가 왔다.
곧 새로운 인구구조가 형성될 것이며
그 인구구조에 따라 대한민국의 경제도
그에 따른 투자 방법도 달라질 것이다.
과연 무엇이 어떻게 바뀔까?

사실 나도 모른다. 아니, 누구도 모른다.
정답은 없기 때문이다.
위의 모든 것이 지나고 나서야 알게 된다.

그럼 예측은 불가능할까? 아니다.

지금까지 우리는 인구구조가 경제구조에

많은 영향을 미친다는 사실을 알게 되었다.

그럼 이렇게 가정해보자.

만약 우리나라와 비슷한 인구구조를 가진 나라가 있다면

그 나라 역시 우리나라와 비슷한 경제 상황이지 않을까?

나는 아주 비슷한 경제 상황일 거라고 판단한다.


그렇다면,

만약 지금 우리나라 인구구조를 미리 경험한 나라가 있다면?

그 나라의 경험이 우리나라 경제의 미래를 알 수 있는

중요한 지표가 되지 않을까?

다행히 우리나라보다 10년쯤 빠른 나라가 있다.

그리고 그 나라의 사회 현상과 경제구조는

우리나라와 거의 흡사하다.

그 나라가 어딜까? 바로 일본이다.


일본도 제2차 세계대전 이후 만들어진

베이비붐 세대가 있다.

그들을 일본에서는 단카이 세대(1947~1949년에 출생)라 부른다.

한국의 베이비붐 세대는 1958년생이고
일본의 단카이 세대는 1948년생이다.
정확히 10년 차이다.
그렇다면 일본의 경제구조와 문화가
우리나라보다 10년 정도 빠른 것만 검증할 수 있다면
일본의 10년 전 상황에서 우리나라의 미래를 유추할 수 있다.

2005년 일본에는 인원이 100명인 걸그룹이 있었다.
그때는 그렇게 많은 인원이 한 그룹 안에 있는 게
미친 짓처럼 보였다.

그런데 10년이 지나 2016년 한국에도
100명의 걸그룹이 탄생한다.
Mnet에서 방영한 텔레비전 프로그램 〈프로듀스 101〉이다.
당시 그것을 처음 보고 나는 적지 않은 충격을 받았다.
그리고 알게 된 사실.
10년 전 일본에서 흥했던 문화 콘텐츠가
지금 우리나라에 흥행한다는 것이다.

최근 우리나라에 염색 방이 조금씩 생겨나고 있다.

소비를 주도하던 베이비붐 세대들이 나이가 들어
염색의 수요가 늘어나니
자연스럽게 미용실에서 하는 염색보다
조금 더 저렴한 가격에 서비스를 제공하는
염색 방의 인기가 올라간 것이다.
이것 역시 일본에서 한때 유행하던 창업 아이템이다.

물론 일본에서 10년 전에 흥행했다고
지금 우리나라에서 무조건 흥행하는 것은 아니다.
나라마다 고유의 정서가 있고, 문화가 있으니 말이다.
그렇지만 인구구조의 영향을 받는 경제구조는
일본과 유사하게 흘러갈 가능성이 높다.

그리고 나와 같은 생각의 수많은 전문가가
이와 관련한 책을 이미 많이 출간했다.
주로 일본의 사례를 통해
대한민국의 미래를 예측하고, 극복하자는 내용이 담겨있다.
이 주제만으로도 수십 권의 책을 만들 수 있지만
이 모든 것을 다 알 필요는 없다.

우리에게 필요한 것은

**일본의 투자 수단이 어떻게 흘러갔는지 분석하여**

**우리가 선택할 투자 수단의 미래를 생각하는 것이다.**

그럼 지금부터 단카이 세대가 은퇴한 후

일본이 어떻게 변했는지 살펴보자.

소득과 소비를 이끄는 단카이 세대가 은퇴하고

일본은 엄청난 저성장으로 고통받았다.

우리는 이를 '일본의 잃어버린 20년'이라고 표현한다.

나는 그 기간의 일본 시장을 분석하기 시작했다.

부동산 문제는 어떻게 되었을까?

주식 시장은 어떻게 흘러갔을까?

먼저 부동산 문제는 어떻게 되었을까?

일본 부동산 가격이 하락한 이유는 아직도 논쟁의 대상이다.

나는 현상에 대한 이야기만 하겠다.

일본의 전국 평균 지가는 1990년에 정점을 찍고

급격하게 하락했다.

부동산은 '항상 상승한다'는
부동산 불패 신화가 깨져버린 것이다.
사람들은 더 이상 부동산을
안전 자산이라고 생각하지 않게 되었다.
리스크 자산이라는 인식의 변화가 생겼다.
부동산은 시세 차익을 위한 투자 수단이 아닌
임대 소득을 위한 투자 소득으로 자리 잡았다.
가만히 놔두면 오른다는 인식은 거의 사라졌다.

내가 일본의 부동산 가격을
하락시킨 요인에 대해 이야기하기보다는
결괏값에 초점을 맞추는 이유는
투자물의 가격이 고점이냐 아니냐의 판단은
의미가 없기 때문이다.
가격이 오를 때는 어떤 이유를 들건 그 이유가 옳다.
왜냐면, 실제로 올랐기 때문이다.

분명 일본도 부동산이 계속 고점을 갱신했을 기간에는
오르는 이유를 찾아 얘기하는 이가 많았을 것이다.
아직은 고점이 아니라는 모든 이야기가 옳았다.

그러나 1990년을 기점으로 부동산 가격이 하락하기 시작하면서
지금 일본 부동산은 20년 전보다 내린 곳이 훨씬 많다.
그렇다면 우리가 고민해야 할 지점은 간단하다.
20년 전 가격보다
현재 1원이라도 비싸게 거래되는 곳이 어디냐는 것이다.
바로 '중심지'다.
부동산은 결국 수요에 의해 가격이 결정되고
수요가 많은 곳은 중심지다.
일본은 도쿄 중심가에서 가까울수록
가격이 덜 떨어지고 더 빨리 회복되었다.

물론 가격이 떨어지지 않은 것은 아니다.
도쿄도 1990년을 기준으로 하면 10년 만에 반토막이 났다.
그리고 회복했다.
중심지였기에 회복할 수 있었다.

대한민국의 중심지가 어딘지 조언을 구하기 위해
오랫동안 부동산을 분석하고
실제로 부동산 투자로 부를 이룬 사람과
깊은 대화를 한 적이 있다.

그때 들었던 조언을 끝으로
부동산 예측을 마무리 지으려고 한다.
"부동산을 어디에 투자할지 잘 모르겠다고요?
뉴스를 보면 해답이 나와요.
정부에서 과열 지구로 지정한 곳이 가장 좋은 곳이에요.
결국 정부가 부동산을 어디에 살지 정해주는 것이고
그곳의 가격이 빠질 때 구매하면 되지요.
강남은 투자 과열 지구에서 단 한 번도 빠진 적이 없어요.
생각보다 부동산 투자 간단하죠?"

그렇다면 주식 시장은 어떻게 흘러갔을까?
처음 일본 주식 시장을 분석할 때 적지 않은 충격을 받았다.
우리가 처음 주식을 접할 때
혹은 펀드나 기타 지수와 관련된 금융 상품을 접할 때
전문가라는 사람들이 자주 하는 이야기가 있다.

"어차피 우량 주식은 우상향 합니다."
"어차피 코스피 지수는 우상향 합니다."

지난 40년간 한국이 그랬고 미국이 그랬다.

수차례 위기는 왔어도 결국 늘 상승했다.

앞으로도 그럴까?

1980년대 후반

일본의 니케이 지수(우리나라 코스피 지수)는

약 38,000포인트였다.

하지만 그 후 급속히 하락하여

2000년도 초반에는

8,000포인트까지 내려갔다.

이후 추가적으로 10년이 넘는 시간 동안

10,000포인트 부근에서 멈춰 있었고

2012년도를 기준으로 다시 상승을 시작하여

현재는 20,000포인트까지 왔다.

이 이야기의 결론은 이것이다.


일본의 증시는 3분의 1 수준으로 지난 20년간 하락했다.

그리고 아직도 1980년대 후반 수준으로 회복하지 못했다.


물론

"일본의 버블이 우리나라의 지금과는 다르다."

"일본은 미국의 방해로 무너졌지만 우리는 다르다."

등등의 의견도 많다.

나도 투자를 하는 한 사람으로서

우리나라 코스피 지수가

일본처럼 흘러가지 않았으면 한다.

그러나 만약 일본처럼 간다면 어떻게 될까?

내가 잃은 돈을 다른 사람들이 신경이나 쓸까?

우리는 최악의 시나리오도 대비해야 된다.


1980년대 후반 일본의 증권 시장이

지금 우리나라 증권 시장이라고 가정한다면

우리는 앞으로 20년간 대세하락장에 빠지게 된다.

지금 30대라면 50대쯤에서야

지금 40대라면 60대쯤에서야

겨우 약간 회복을 한다는 것이다.

일본이 그러했던 것처럼

우리에게도 잃어버린 몇 년이 올 수 있다는 소리다.

더욱이 우리의 인구 절벽은

일본의 그것보다 훨씬 가파르다.

그리고 거듭 말하지만 인구구조는

경제 전반에 큰 영향을 미친다.

이 상황에서 누가 감히,
'주식 시장은 늘 그랬듯 곧 우상향 합니다.' 란 소리를
함부로 할 수 있겠는가?

그런 소리를 하는 사람들은
지난 40년간의 미국과, 미국 증시만
공부하고 경험한 사람이거나
증권과 관련된 금융 상품을 파는 전문가일 가능성이 높다.

# 예측은
# 행동을 만든다

지금까지 10년 전 일본 상황을 보고
우리나라의 대표적인 두 가지 투자 수단의 미래를 예측해보았다.
아쉽게도 나는 이 두 가지 수단에 대해
긍정적인 전망을 내놓지는 못했다.
인구구조가 돈의 구조와 관련있다는 확신 때문이다.

기본적인 생산수단인 시간을 통해 재화를 만들어내면
이것이 수출로 이어져 외화를 벌어들이든,
내수시장을 통해 경기가 활성화되든

어떤 방식으로든 경제에 영향을 미친다.

베이비붐 세대는 고성장을 이끄는 주도 세력이고,

그들이 은퇴하거나 경제활동을 줄이면

저성장으로 이어진다.

여기까지가 내가 이야기한 핵심이다.


그렇다면 저성장기에는

부동산 투자도, 주식 투자도 하지 말아야 할까?

암호화폐와 같은 새로운 투자 수단을 찾아야 하는 걸까?

아니다.

우리가 예측을 하는 이유는

예측에 따라 투자 전략을 수정하기 위해서다.

저성장기가 온다고 해도

그 안에서 수익을 만들 수 있는 길은 얼마든지 존재한다.

부동산 경기가 침체된다면 중심지에 투자하면 된다.

주가가 하락장을 맞이한다면,

하락장 안에서 수익을 낼 수 있는 방법을 찾으면 된다.

투자에서 예측은

오로지 대응의 영역을 확장하는 도구일 뿐이다.

무엇을 대응하고, 어떻게 대응할 것인지를

아는 것만으로도 큰 의미가 있다.

만약 예측이 틀린다면?

부동산 경기가 더욱 좋아진다면?

주가가 지속적으로 상승한다면?

상관없다.

반대로 가면 되니까.


당장 닥쳐서 생각하는 것보다

미리 준비한 시나리오를 기준으로 삼아

반대로 생각하는 게 훨씬 쉬우니까.

주식 투자자인 나는

일본 증시처럼 내려가지 않고,

우리나라 증시가 계속 올라간다면

합당한 이유와 결과를 찾으려 노력할 것이고

상승에 편입하여 돈을 벌 자신이 있다.


만약 일본 증시처럼 하락한다면

그것을 기회로 삼아

훨씬 더 성장할 준비를 마친 상태다.

이 모든 것들은

시장을 바라보며 다음을 예측하기 위해 준비했던
시간과 정성이 있었기에 가능하다.

당신도 마찬가지다.

나의 의견에 동의한다면
그 방향대로 준비하길 바란다.

조금 더 욕심내자면
다양한 방향의 정보를 습득한 후
내 예측과는 다른 의견을 갖길 바란다.

방향이 반대라도, 새로운 투자 수단이라도
상관없다.

분명한 것은
이 과정에서 당신은 시간과 정성을 투여할 것이고
투여한 양만큼 당신은 단단해질 것이다.

그 사이 당신의 병사는 늘어날 것이며
병사의 질은 높아질 것이다.

그렇게 서서히,
당신은 당신이 원하던 돈에 가까워질 것이다.

이렇듯

자신의 병사를 모으며

돈의 과거와 현재를 알아보고

앞으로의 돈을 상상하며

돈에 대해 깊이 있게 알게 된다면


당신은 비로소 1단계를 마칠 수 있게 된다.

# 100만 원으로
# 무엇을 할 수 있을까?

많은 사람들이 100만 원으로는

아무것도 할 수 없다고 생각한다.

이는 아주 큰 오해다.

사람들은 100만 원으로

큰 수익을 내고 싶기에 도전하기 어려워한다.

100만 원으로는 부자가 될 수 없다며 시작조차 하지 않는다.


이 책에서 사용할 100만 원은

당장 돈을 버는 수단으로 활용하는 게 절대 아니다.

그러니 이 돈으로 수익을 내야겠다는 생각은 하지 않는 게 좋다.

그럼 이 100만 원은 버리는 돈인가?

아니다.

당신이 만약 100만 원을 모두 잃는다면

그리고 그 과정을 열 번 반복하여

1000만 원의 돈을 모두 잃게 된다고 하더라도

이 경험은 인생에서 분명 이득일 것이다.

인생을 살면서 당신은 반드시 투자를 하게 될 것이니까.

당신은 그런 시대를 살고 있다.


그렇다면 예를 들어보자.

만약 당신이 100만 원으로 주식 투자를 해서

투자한 돈을 몽땅 다 잃고

그 과정을 열 번 반복해서 1000만 원을 잃었다고 하자.

당신은 이런 생각을 할 것이다.

'앞으로 주식 투자는 절대 하지 않을 거야.'

만약 이 과정을 겪지 않고 살다가

5000만 원이라는 더 큰돈을

주식이나 그와 관련된 투자 상품에 투자하여

손실을 보게 된다면?

-20퍼센트만 손실을 봐도 1000만 원이다.

1000만 원을 잃어본 경험 덕분에

더 큰 손실을 피할 수 있다는 소리다.


100만 원을 우습게 보지 말자.

100만 원으로 수익을 내지 못하는 사람이

1000만 원, 1억 원을 투자하면 수익을 낼 수 있을까?

절대 아니다.

100만 원을 투자해 20만 원의 수익을 낼 수 있는 사람이라면

1억 원으로 2000만 원의 수익을 내고

10억 원으로 2억 원의 수익을 낸다.


그러니 100만 원을 절대 가볍게 보지 말자.

무엇보다 중요한 건

100만 원으로 수익이 아닌 경험을 얻어야 한다는 것이다.


주식 시장이라면

100만 원을 3~10개 종목에 분산하여 투자해보고

느낀 점을 작성한 뒤 실패 원인을 찾으면 된다.

80만 원이 남았다면

그 돈으로 또 3~10개 종목에 투자해보고
느낀 점을 작성하고 실패 원인을 찾으면 된다.
50만 원이 남았다면
또 3~10개 종목에 투자해보고
느낀 점을 작성하고 실패 원인을 찾으면 된다.

이때 수익이 쌓이지 않으면
절대 원금을 늘려서는 안 된다.
더 이상 남은 돈으로 3~10개 종목을 사지 못할 때까지.
100만 원을 다 소진하고 나서는
매번 더 깊게 고민하는 시간을 갖자.
이때는 투자를 진행하지 말고 한발 물러서서
실패 원인을 분석해보는 게 좋다.

부동산 시장이라면
100만 원을 들고 열 번 이상 경매 물건을 방문해보자.
물건 주변에 있는 부동산을 방문해서 시세를 알아보고,
학군과 상권을 분석해보자.
그리고 입찰하는 날 입찰서를 쓰는 과정까지 진행해보자.
입찰서를 제출하지 않더라도

간접 경험으로 느낀 점을 작성하고

어느 정도 가격으로 입찰할 것인지

만약 실제로 제출했다면 어떤 결과가 나왔을지 분석하면 된다.

또한 부동산 중개인과 대화하며

우리 동네에 어떤 이슈가 있는지

어떤 매물이 나왔는지 들어보자.

부동산 투자는 사는 곳 또는 자주 가는 곳에서

시작하는 것이 가장 좋다.

그리고 100만 원을 다 소진할 때쯤이면

자신이 부동산 투자가 어울리는 사람인지 아닌지 알게 된다.

이 과정이 즐거우면 다시 100만 원을 들고

부동산 공부를 하며 경험을 쌓으면 되고

부동산 투자가 자신의 성향과 거리가 멀다는 생각이 들면

다른 방법을 찾으면 된다.

그리고 이때 경험을 적은 노트는

당신이 언젠가 집을 구매할 때 도움이 될 것이다.


끝으로 창업 시장이라면

100만 원으로 할 수 있는 것이 많다.

요즘은 물건을 직접 구매하지 않고
온라인 유통망을 활용해서 판매하는 경우가 많다.
옷으로 예를 들어보자.
인터넷으로 옷을 구매할 수 있는 방법은 여러 가지다.
휴대폰 애플리케이션을 활용해서 동대문에서 옷을 주문한 뒤
주문한 매장에서 고객의 주소지까지 바로 배송할 수도 있다.
따로 매장을 차리지 않고 소액으로 창업할 수 있는 것이다.

기술이 발달하면서
0원으로 시작할 수 있는 창업도 많이 존재한다.
정부 지원금을 받을 기회도 많고
크라우드펀딩을 진행하는 경우도 많다.

오프라인에서 장사를 하고 싶은 사람들에게도
100만 원은 상당히 유용하게 쓰인다.
만약 설렁탕집을 하고 싶은 사람이라면
사는 도시에 있는 설렁탕집을
모두 찾아가 보는 것이다.
점심시간에 찾아가 보면
어떤 곳은 식당이 텅텅 비어 있고

어떤 곳은 가득 차 있고,

어떤 곳은 줄을 서서 대기하고 있을 것이다.

잘되는 곳은 왜 잘되는지,

안 되는 곳은 왜 안 되는지 분석하여 상세히 적어봐라.

그리고 장사가 잘되는 곳에서

직접 아르바이트를 해보는 것도 좋다.

겉으로 보는 것과 직접 경험하는 것은

천지 차이기 때문이다.


지금까지 100만 원으로 할 수 있는 것을 소개했다.

실제로는 여기에 소개된 것보다

열 배, 백 배 더 많은 방법이 있다.


'돈이 없어서', '시간이 없어서'라는 핑계는

잠시 접어두고 100만 원으로 당장 시작하자.


그리고 가장 중요한 건

100만 원으로 경험을 사는 것임을 잊지 않아야 한다.

# 무작정이 3퍼센트의 삶을 만든다

이 구간에서 당신은 투자자로 성장하게 된다.
투자자가 되느냐, 마느냐가 여기서 결정되기 때문에
여기서 하는 이야기는 아주 중요하다.
그래서 이 책의 가장 많은 페이지를 이 구간에 할애했다.

이 구간에서는
투자를 시작했다면 무작정해야 하는 이유와
무작정에 담긴 '경험'의 가치를 이야기할 것이다.

투자자로 살면서 깨달은
'97 대 3'의 법칙도 이야기할 것이다.

여기서 제안하는 행동을 할 수 있다면
내가 말한 법칙을 깨달을 수 있다면
비로소 당신은 진짜 투자자로 성장하게 된다.

그럼 시작해보자.

# 지금부터 필요한 건
## '무작정'

오늘 당신은 은행에 갔다.

그리고 만기된 적금 1000만 원을 찾았다.

1000만 원을 모으는 동안

경제를 공부하고,

투자 수단도 고민했을 것이다.

그 고민은 당신이 적합하다고 생각하는

'투자 수단'을 결정하게 해주었을 것이다.


지금부터 당신이 해야 할 행동을 알려주겠다.

1. 서점으로 달려간다.

2. 당신이 선택한 투자 수단과 관련된 책 세 권을 산다.

3. 그 책에 적혀 있는 방법을 그대로 실행해본다.


이 시기에 당신은

무서워하지 말고 무작정 실행해야 한다.

이 말에 당신은 망설이고 주저할 것이다.

힘들게 모은 1000만 원인데 무작정 투자하라고?


당신은 주저하면서 이런 얘기를 할 것이다.

"아직 잘 몰라서 두려워요."

"직접 실행하려니 돈을 잃을까 봐 무서워요."

이 두 가지를 모두 해결해줄 방법을 얘기하겠다.


단돈 100만 원만 가지고 투자하라.


사람들은 투자를 할 때

가진 돈을 모두 쏟아부어야 한다고 생각한다.

그러니 부담이 되고 두려울 수밖에 없다.

하지만

당신이 처음 투자할 때 필요한 금액은
단돈 100만 원이다.

100만 원은 당신이 집 앞에 있는 편의점에서
한 달간 아르바이트를 하면 벌 수 있는 금액이다.
인생을 바꾸는 데 필요한 금액이 100만 원이라면
도전해볼 만하지 않은가?
시작하지 않으면 아무것도 이룰 수 없다.
그 어떤 투자 명언도, 그 어떤 훌륭한 투자책도
시작하지 않은 사람을 투자자로 만들지는 못한다.

이미 당신에게 필요한 투자자의 기본 소양은
1단계 전개 구간에서 완성되었다.

두려워 마라.
그리고 무작정 시작하라.
바로 지금부터.

# 무작정에도
# 기준은 필요하기에

무작정 시작하려 했더니

어떤 것부터 시작해야 할지 모르겠는가?

그렇다면,

좋은 길라잡이가 될 친구를 소개해주겠다.

바로 세 권의 책이다.

당신이 선택한 수단이

주식이면 주식과 관련된 책 세 권

부동산이면 부동산과 관련된 책 세 권

창업이면 창업과 관련된 책 세 권

영업이라면 영업과 관련된 책 세 권

직장에서 더 높은 소득을 얻겠다고 다짐했다면

리더와 관련된 책 세 권

그 세 권이 지금부터 당신의 길라잡이가 되어줄 것이다.

어떤 책을 선택할지 고민하지 말자.

어떤 책을 선택하든

당신보다 빨리 그 시장을 경험한 선배들의

수년 혹은 수십 년의 경험과 노하우가 담겨 있을 것이다.


**그런데도 책을 고르는 기준을 알려달라고 한다면**

**한 권은 방법보다는 원리나 용어를 설명한 이론적인 책**

**두 권은 이론보다는 저자의 경험이 담긴 책을 권하고 싶다.**


예를 들어 주식 책을 선택한다면

한 권은 당신이 계좌를 개설하고,

HTS(Home Trading System: 온라인 주식매매 시스템)에 접속하는 과정과

상한가, 하한가, 유상증자, 거래량 등의 용어와 관련된

풍부한 설명이 담긴 것을 사는 게 좋다.

실행하다 보면 이론에서 막히는 경우가 있을 테니

그때그때 그 궁금증을 해소할 수 있는 책이면 좋다.

나머지 두 권은 실제로 주식 투자를 하는 사람들의
결과나 경험이 담겨 있는 것이면 좋다.
내가 걸어갈 길을 먼저 걸어간 사람의 이야기만큼
좋은 조언은 없다.
그리고 두 권의 책을 비교하며 보면
책에 적힌 잘못된 정보나 저자의 아집을
다른 한 권이 잡아줄 수 있다.
만약 두 권의 책이 같은 이야기를 하고 있다면,
그건 옳을 확률이 높다.


아, 그냥 지나갈 뻔한 중요한 이야기가 있다.
당신이 어떠한 책을 고르는지는 전적으로 당신의 자유지만
이것 하나만큼은 검증해보고 고르는 것을 추천한다.
바로,
작가가 여전히 투자를 하는 사람인지
반드시 확인해야 한다.
만약 투자하고 있지 않거나,
출간 후 투자에 실패한 사람이라면
책 내용은 믿을만한 것이 못 된다.

어떤 책은 제대로 된 경험을 해보지 않은 사람이

뛰어난 글재주만으로

독자가 혹할 만한 내용을 쓴 경우도 있다.

그런 책에는 온갖 감언이설과 유혹만이 난무할 뿐이다.


악서를 구분하는 가장 좋은 방법은

저자가 책에 쓴 방법대로, 방식대로

여전히 투자자의 길을 걷고 있는지를 보는 것이다.


한때 사모펀드가 유행하던 시절이 있었다.

그때 마침 사모펀드 관련 책을 선물받아 읽었는데

상당히 큰 충격을 받았다.

책에는 미국의 사모펀드를 보고

우리나라 사모펀드의 미래를 그리며

저자를 통해 사모펀드에 가입하라고 적혀 있었다.

사모펀드가 해외에서 성공했으니

우리나라에서도 성공할 것이라고 말했다.

미국에서는 사모펀드를

부자들만 은밀하게 활용하고 있다고

당신도 부자만 가입하는 사모펀드에

지금 당장 가입할 수 있다고 말했다.

그 안에는 어떠한 논리도 이론도 존재하지 않았다.

저자의 경험을 보여주는 사례도 없었다.

그리고 예견된 일이었지만

2년 후 그 책에서 언급한 회사의 대표는 구속되었고

작가의 연락처는 결번이 되었다.

블로그와 홈페이지는 문을 닫았다.


그 책을 보고 저자가 추천한 사모펀드에 가입했던 사람들은

분명 엄청난 경제적 손실을 보았을 것이다.


그러니

선택한 책이,

당신에게 큰 영향을 줄 수 있다는 걸 명심하고

최소한 저자의 현재를 보며 고민하는

당신이 되길 바란다.

# 100×10의 법칙,
# 100만 원의 경험

사람들은 흔히 새로운 일을

시작하지 못하는 이유를 이렇게 표현한다.

"어떻게 하는지 아직 잘 모르겠어요."

어떻게 하는지 알기 위해서 사람들은 공부한다.

지식을 탐하고, 이론을 배운다.

분명 지식과 이론은 행동할 때 도움이 되는

중요한 요소이지만

지식과 이론을 잘 안다고

능숙하게 행동할 수 있는 것은 아니다.

운전을 예로 들어보자.

수많은 책을 보고 운전하는 방법을 배워도

운전대를 잡자마자 운전을 잘할 수 있을까?

그런 사람은 세상에 존재하지 않는다.

깜빡이 켜는 걸 자꾸 잊어버리고

액셀러레이터와 브레이크의 위치가 계속 헷갈리고

끼어들기는 절대 할 수 없는 영역의 일처럼 느껴진다.

그런 과정을 오롯이 겪고 나서야

우리는 비로소 운전을 잘할 수 있게 된다.

본능적으로 액셀러레이터와 브레이크를 구별하고

차선 변경도 쉬워진다.

이 모든 것은

행동하며 쌓은 경험이 있기에 가능하다.

그래서 운전은 기량이라고 표현한다.

기량은 하면 할수록 늘고,

한 번 늘면 절대로 줄어들지 않는다.

운전을 잘하게 되면,

못했던 시절처럼 운전할 수 없는 것처럼 말이다.

나는 투자도 기량의 영역이라 확신한다.

하면 할수록 늘고,

경험이 만든 숙련도는 절대 낮아지지 않는다.
그리고 이 모든 것은 결국 해야만 배울 수 있다.

운전도 투자도 결국은
어떻게 하는지 알아서 시작하는 것이 아니라
어떻게 하는지 알기 위해서 시작하는 것이다.

하지만 어느 정도의 방향성은 필요하다.
운전을 알려주는 책처럼
투자를 알려주는 책이 있으면 도움이 된다.
그래서 책 세 권을 권했던 것이고
그래서 책 내용대로 무작정 하라고 했다.

거듭 말하지만,
책에 적혀 있는 방법대로 실행하라.
단돈 100만 원으로.

100만 원씩 최소한 열 번의 기회를 만들고,
경험을 모두 기록한다면
이 과정에서 나에게 맞는 투자 방식을 발견하게 될 것이다.

고백하자면 나는 한때

어떻게 하는지 알기 위해선

무작정해봐야 한다는 말을 부정했다.

이 과정이 나에게는 너무 힘들었다.

그때 나는 100만 원씩 투자하지 않았으며

언제나 '올인'이었다.

그래서인지 수많은 좌절을 겪었으며,

상처받고 한때 주식 시장을 떠나기도 했다.

그렇게 시련을 겪으며

마침내 나만의 기법을 만들었다.


그러자 투자자의 길을 결심한

많은 친구가 나를 찾아왔다.

내가 겪은 고통을 겪지 않았으면 하는 마음에

조금 쉬운 길로 갔으면 하는 마음에

그 당시 터득했던 기법을 그대로 알려줬다.

대부분 그 기법에 감탄했고, 진심으로 고마움도 표현했다.

그들은 내가 말한 기법대로 주식을 하여 수익을 올렸다.

초창기에는 말이다.

그런데 시간이 지나자 이상한 일이 발생했다.

누군가는 내가 말한 기법으로 상상 이상의 수익을 거두었지만
누군가는 나보다 적은 수익을 거두었고
누군가는 손실을 보았다.
왜 이런 일이 발생했을까?

**기법은 인간의 성향을 담지 못하기 때문이다.**

사람은 모두 다른 성향을 지니고 있다.
본성 혹은 천성은 쉽게 변하지 않는다.
성향에 따라 같은 기법이라도 다르게 해석한다.

누군가는 내 기법보다 조금 더 공격적인 투자를 원했고
누군가는 내 기법보다 안정적인 투자를 원했다.
누군가는 내 기법을 한 종목에 전부 적용하기도 했고
누군가는 내 기법에 적힌 구간이 와도 두려워 투자하지 않았다.

내 성향에 맞추어진 기법대로 실행하려니
늘 자기 성향을 거스르는 선택을 했어야 했고
이것이 스트레스를 만들어
나와 다른 선택을 하게 만들었던 것이다.

같은 기법임에도 결과가 달랐던 이유는 하나 더 있다.

**기법은 경험을 통해 완성되기 때문이다.**

내가 만든 기법대로 하기 위해선
때로는 적은 수익에 만족하고 팔아야 한다.
때로는 손실이 나도 팔아야 한다.
큰 손해를 본 이들에게 물어보면
하나같이
내가 말한 구간에서 팔지 않았고,
내가 말한 구간에서 사지 않았다.
그렇게 했던 이유를 물어보면 그들은 늘
"좀 더 이익을 볼 수 있을 것 같아서요."
"손해 보고 팔려니까 너무 아쉬워서요."라는 말을 반복했다.

**내가 적은 수익으로 만족하고 팔 수 있었던 건**
**손실이 났어도 팔 수 있었던 건**
**룰을 지켜야만 이익이 남는다는 사실을**
**반복된 경험으로 확신했기 때문이다.**

경험 없이 기법을 배운다면 확신이 없다.

확신이 없는 상태에서 투자하니

때때로 나보다 수익을 많이 볼 순 있겠지만

결국은 손실이 날 수밖에 없다.

그렇기에 투자자로서 당신이 성장하기 위해 가장 필요한 것은

반복적인 경험을 통해 자신의 성향을 발견하고

그 성향에 맞는 투자 방식을 찾아내는 것이다.


자신의 길은 결국 자신이 만들어야 한다.

책이 정해준 기법과 방식대로

100만 원을 반복해서 투자하다 보면

조금씩 당신의 성향을 알게 될 것이다.

그 성향에 맞춰서 조금씩

책에서 말한 것과는 다른 것들을 하게 될 것이다.

그 과정이 곧 경험이고 그런 경험이 반복되면

조금씩 자신만의 길을 만들 수 있을 것이다.


그러던 와중에 수익을 보게 된다면?

같은 방식을 계속하여 반복하라.

한두 번의 수익은

외부 요인으로도 올릴 수 있기 때문이다.

그러니 반복적으로 검증하고 또 검증하라.

언제까지?

당신이 그 방식에 확신을 얻을 때까지.


확신을 얻는 순간이

1000만 원 이상의 금액으로 투자할지 말지 결정할 때다.

1000만 원을 모으는 순간

당신이 해야 할 일을 요약하면 이것이다.


**최소한 열 번의 투자 기회를 만들어 직접 행할 것**

**그 행위를 통해 자신의 성향과 경험을 축적할 것**

**수익을 낼 수 있는 자기만의 방식을 찾을 것**


나 역시 이 시기를 지나왔다.

고백하건대 나는 이 시기가 가장 힘들었다.

나만의 길을 찾는다는 건 그만큼 외롭고 힘든 일이다.

이 시기엔 성공보다는 실패가 많았고

수익보다는 손실이 많았다.

도망치고 싶은 순간도 있었다.

허나, 포기하지 않고 걸었던 덕분에
내 투자 인생의 전체를 좌우할
놀라운 깨달음을 바로
이 시기를 거치며 배우게 되었다.

지금부터
당신에게 할 이야기는
나에게 놀라운 깨달음을 안겨준
97 대 3의 법칙이다.

# 97퍼센트 사람은
# 3퍼센트 사람의 양분이 된다

스물일곱 살 무렵 나는 남들보다

돈 공부를 열심히 했다고 자부했지만

실제로 돈을 잘 버는 투자자는 아니었다.

아니 지금 생각해보면

그때는 잃기만 했던 투자자였다.

잠시 벌었던 돈도 지나고 생각해보니

운으로 번 것이 확실했다.


가치 투자에 필요한 모든 용어를 숙지하고 있었고

주식 차트에 설정하는
모든 보조 지표의 종류와 활용도를
숙지하고 있었으며
전문가라 불리는 사람들이 쓰는
마법 같은 비법을 수십 개는 넘게 알고 있었다.

문제는 여기에 있었다.
엄청난 지식을 가지고
어떤 이가 던지는
주식 질문에 답할 수 있었지만
아이러니하게도
주식 투자로는 돈을 벌지 못했던 것이다.

그런 시간이 길어지자,
나는 주변 사람들에게
전문가로 포장되기 시작했고
실제로 돈을 벌지 못하는데도
증권 전문가처럼 대우받았다.
투자 공부를 하면서 이때가 가장 비참했다.
비참함을 이기지 못하고 투자자가 아닌

전문가의 길을 걷고자
대학교를 1년간 휴학했다.
수년 동안 하루도 쉬지 않고
열 시간씩 HTS를 봤었지만
제도권에 입사하기 위해 주식을 접었고
그 시간에 금융 자격증을 취득하며 시간을 보냈다.

그러던 어느 날이었다.
그날도 다른 날과 다름없이 집에서 저녁을 먹고
증권회사에 제출할 자기 소개서에
주식 시장에 대한 내용을 적고 싶어
5개월 만에 HTS를 열었다.

그리고
내 인생의 전환점이 된 열두 시간을 맞이하게 되었다.

당시 나는 주식 투자를 할 때
열 가지 정도의 보조 지표를 사용했다.
OBV, MACD, PIVOT, CCI 등
활용하면 돈을 벌 수 있다는 소리에

무작정 보조 지표를 연구하던 시기였다.

아주 복잡해 보이고,

아주 어려워 보이는 보조 지표가

주식 시장에서 나를 지켜줄 무기라고 생각했고

하나라도 더 많은 무기를 획득하려고 발버둥 쳤다.

자기 소개서에 적어야 할 내용은

주식 가격뿐이었기에

화면에 설치된 수많은 보조 지표를

제거하기 시작했다.

그리고 덩그러니 가격만을 표시하는 차트가 남았다.

허전했다.

도저히 이것으로는

아무것도 설명할 수 없을 것 같았다.

한참 허전한 화면만을 바라보며 나는 혼자 중얼거리고 있었다.

**"아, 이렇게 저렴할 때 샀던 사람은 돈을 많이 벌었겠다."**

그때 문득 이런 생각이 떠올랐다.

'그럼, 이렇게 저렴할 때 사는 사람들은 도대체 누굴까?'

그때부터 그 사람들이
누군지 알아보기 시작했고
놀랍게도 그들은 돈이 있는 '모든 곳'에
존재한다는 사실을 깨달았다.

자, 그럼 당신은
그 사람들이 누구라고 생각하는가?
우리는 그 사람들을 이렇게 부른다.
'엄청난 부자'
혹은 '경제적 자유인'

주식 시장 안에서는
'주식의 가격을 주도하는 자'
혹은 '그들의 생각을 읽는 자'

부동산 시장 안에서는
'부동산 시장의 흐름을 주도하는 자'
혹은 '부동산 시장의 흐름을 읽는 자'

창업시장에서는

97퍼센트의 비상식적인 우리들, 3퍼센트의 상식적인 그들

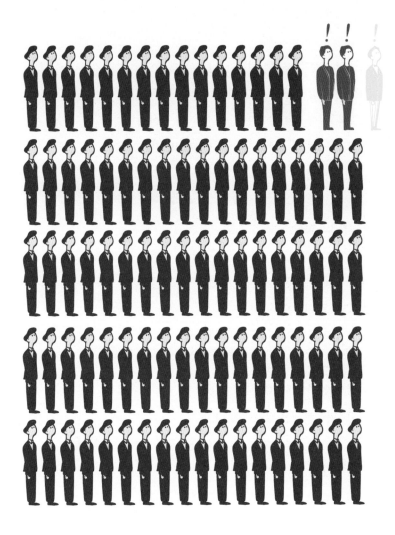

'상권을 만드는 자'
혹은 '만들어진 상권을 활용하는 자'

이들의 공통점을 분석하다 보니
어느새 취업 욕구가 사라졌다.
그곳에 내가 그토록 찾던 답이 있을 것 같아서였다.
그리고 10년 후, 나는 드디어 그 사람이 되었고
한 가지 이론을 만들었다.

## 97 대 3의 법칙

금융권에서는 매년 부자와 관련된 리포트를 낸다.
2017년을 기준으로
금융자산이 10억 원 이상인 사람들을
부자라고 표현한다.
한국의 인구수 5100만 명 중 16만 명
즉 0.3퍼센트의 사람을 뜻한다.

그렇다면,
만약 우리나라 사람들이 모두 10억 원 정도의

금융자산을 보유하고 있다면

부자가 5100만 명일까?

아마 아닐 것이다.

그중 상위 0.3퍼센트가 부자가 될 것이다.

그들은 늘 그런 존재였다.

아주 오래전부터 존재했고, 늘 소수였다.


처음에는 0.3퍼센트의 사람이 되려고 노력했다.

'주식의 가격을 주도하는 자'

주식 시장 안에서 그들은 바로 '세력'이었다.

그러나 나는 세력이 될 수 없음을 자각했다.


주식 시장 안에서 우리가 아는 세력은 누굴까?

그들은 바로 기관 투자자나 외국인 투자자다.

(다른 의미의 세력도 있지만 여기서 이해하기는 어렵다.)


여기까지 생각하면 심각한 문제가 발생한다.

그들은 가격을 움직일 수 있는 자본이 있고

자본의 바탕이 되는 정보가 있다는 걸 깨닫게 되기 때문이다.

대부분은 여기서 생각의 끈을 놓아버린다.

그러곤 얘기한다.

"결국 돈이 없는 나는 그들을 이길 수 없어."
"정보가 부족한 나는 그들을 이길 수 없어."

그러나 조금만 더 생각해보자.
'내가 꼭 그들이 될 필요가 있을까?'

앞서 돈을 버는 사람들을
'혹은'이라는 단어를 붙여 두 부류로 나눴다.

첫 번째로 쓴 그 사람들은 다음과 같다.
**엄청난 부자**
**주식의 가격을 주도하는 자**
**부동산 시장의 흐름을 주도하는 자**
**상권을 만드는 자**
이들은 우리가 될 수 없는 0.3퍼센트의 사람들이다.

엄청난 자금력
엄청난 권력

엄청난 재능으로
시장을 이끌어가는 사람들이다.

우리는 아직 엄청난 부자가 아니며
주식과 부동산 시장의 가격을 주도할 수 없고
상권을 스스로 형성할 수 없다.
나는 이 사실을 빠르게 인정했다.
당신은 어떠한가? 인정하는가?
우리는 0.3퍼센트의 사람은 될 수 없다.

그렇다면 우리가 될 수 있는 사람은 누구인가?
나는 그것을 3퍼센트의 사람들이라고 표현한다.
**경제적 자유인**
**세력의 생각을 읽는 자**
**부동산 시장의 흐름을 읽는 자**
**만들어진 상권을 활용하는 자**

엄청난 부자가 될 순 없지만
스스로 경제적 자유를 실현하며 사는 사람
주식과 부동산 시장의 가격을 주도할 수는 없지만

흐름을 읽을 수 있는 사람
자신이 상권을 만들 순 없지만
상권을 활용할 수 있는 사람

3퍼센트의 사람은 노력하면 될 수 있다.
**그리고 나는 가격을 주도하는 세력이 되기보다는**
**세력의 생각을 읽는 투자자가 되기로 했다.**

스타벅스와 맥도날드는
상권을 스스로 형성하는 힘을 가졌다.
우리가 맥도날드와 스타벅스를
가질 수는 없지만
그들이 형성한 상권에 초기에 진입하거나
그들이 들어올 만한 곳을 분석하여
미리 진입할 수는 있다.

부동산 시장의 흐름을 주도하는 자는
국토부 장관이 될 수도 있고 정부가 될 수도 있다.
우리가 그들처럼 가격을 주도할 수는 없지만
그들의 생각이나 돈의 흐름을 읽고

부동산 시장이 어디로 흘러갈지는 예측할 수 있다.

예전에 부동산 투자만으로
큰 부를 이룬 사람과 대화를 한 적이 있다.
그 사람의 투자 원칙을 듣고 온몸에 소름이 돋았던 기억이 난다.

"대통령 취임 후 3년이 지나면 대통령의 고향 혹은
대통령의 정치적 기반이 있는 곳의 부동산을
구경 다니기 시작합니다."

대통령과 부동산 가격에는 어떤 연관성이 있는 걸까?
그 이유가 궁금했다.

"대표님이 대통령이 되셨습니다.
은퇴 후 몸 둘 곳이 필요하지 않겠습니까?
그럼 힘이 더 빠지기 전에 뭔가를 해야겠죠?"

단순한 논리에 "에이 설마요."라고 답하고 싶었지만
놀랍게도 결과를 보니 설득력이 있었다.
이 논리로 그 사람은 2000년대 중반

노무현 전 대통령의 임기 3년 차에 경남과 부산을 눈여겨봤다.
역시나 해운대에 있는 마린 시티의 인기가 급상승했고
경남 김해, 창원, 마산의 집값이
이때 많이 올랐다고 한다.

이 대화를 하던 시기는 박근혜 대통령 임기 1년차였고
이명박 전 대통령의 임기말에는
포항에 투자해둔 곳이 많다고 얘기했다.
그때 포항에는 대규모 아파트 단지가 들어서며
주변에 상권이 형성되기 시작했다.

그리고 지금 박근혜 전 대통령의 고향이자
정치적 기반이었던 대구와 경북은 어떨까?
2015년부터 2018년까지
전국에서 강남 다음으로 집값이 폭등한 곳이며
대부분의 아파트 가격이
적게는 50퍼센트 많게는 100퍼센트 이상 올랐다.

사실 결과가 중요하다고 생각하지는 않는다.
중요한 건 돈의 흐름을 읽는 능력이다.

그리고 그 내용을 들었음에도 나는 투자하지 않았다.
내 시간과 정성을 투여하지 않는 방법이었기에 와닿지 않았다.

그 사람은 그 간단한 논리를 객관화하기 위해
얼마나 뛰어다니고 검증했을까?
그리고 어쩌면 그 사람은 아무리 나에게 설명해줘도
투자하지 않을 걸 알았기 때문에
정보를 아낌없이 줬을지도 모른다.
나는 그 사람처럼 노력과 시간을 쏟지 않았기에 믿지 않았고
그분은 자신이 쓴 시간을 믿었기에 투자할 수 있었던 것이다.

나는 이렇게 생각한다.
0.3퍼센트의 사람은 재능과 환경처럼
주어진 삶에서 보상을 얻는다면
3퍼센트의 사람은 노력과 시간처럼
스스로 만든 삶에서 보상을 얻는다고

그래서 앞으로 우리는
노력하면 이룰 수 있는
3퍼센트의 사람이 되어야 한다.

그럼, 이제

97퍼센트의 사람들을 설명하겠다.

나는 궁금했다.

도대체 왜 97퍼센트의 사람들은

3퍼센트의 사람과 다른 걸까?

내가 내린 결론은 의외로 간단하다.

돈을 잘 몰랐을 때

3퍼센트의 사람들은

특별한 시각으로 돈을 바라보는 줄 알았다.

그런데 시간이 지날수록

97퍼센트의 사람들이

돈을 특별한 시각으로 보고 있다는 걸 알았다.

97퍼센트의 사람들은 돈을 이상하게 보고 있었다.

**3퍼센트의 사람들은 돈을 상식적으로 생각했다.**

**97퍼센트의 사람들은 돈을 비상식적으로 생각했다.**

아니라고 생각하는가?

운으로 1억 원을 버는 게 옳은 일인가?

노력으로 만든 투자 방법으로 1억 원을 버는 게 옳은 일인가?

당연히 97퍼센트의 사람들은 후자를 선택한다.

물론 더 당연히 3퍼센트의 사람들도 후자를 선택한다.

실제로 그럴까?

3퍼센트의 사람들은 쉽게 돈을 버는 것을 늘 경계했고

노력 없이 돈을 버는 건 의미 없다는 사실을 잘 알고 있었다.

그들은 자신의 투자 분야 이외에는 관심을 두지 않는다.

오히려 경계한다.

그러나

97퍼센트의 사람들은 이왕이면 쉽게 돈을 벌기를 바라고

노력 없이 버는 돈이 가장 가치 있는 돈이라 생각하며

주식 시장이든 부동산 시장이든

돈이 된다는 얘기만 들으면 바로 투자하곤 한다.

아니라고 생각하는가?

실제로 대부분의 금융 사기, 사기 분양 대상은

부자가 아니다.

서민인 경우가 많다.

왜일까?

상식적으로 생각하는 부자는 속지 않기 때문이다.

노력 없이 돈을 벌 수 있다고 하면

합리적인 의심을 하니 사기를 당하지 않는다.

저성장이 지속된 나라일수록

다단계와 사기가 판을 친다.

좋지 않은 경기에 대한 스트레스를 해소하기 위해

돈을 쉽게 벌 수 있는 비상식적인 방법을 원하기 때문이다.

다단계에서 추구하는 것이 무엇인가?

파이프라인이다.

"당신도 파이프라인을 구축하면 가만히 앉아서 돈을 벌고,

후손까지 그 파이프라인으로 잘 먹고 잘살 겁니다."

사람들은 이 말에 혹한다.

결국 노력 없이 쉽게 돈을 벌 수 있다는

비상식적인 생각으로 사기를 당하는 것이다.

금융 사기도 똑같다.

원금이 보장되는 것처럼 얘기하고
월 2퍼센트씩 이자를 준다고 하면
97퍼센트 사람들은
그 상품을 판매하는 사람과의 관계만을 믿고
투자를 진행한다.
그렇게 투자를 진행하고
2퍼센트씩 이자를 몇 번 받으면
'조금 더 돈을 투자했으면 좋겠다'고 생각하고
연 이자율이 10퍼센트가 넘는
카드 빚까지 내면서 투자를 한다.
이때 부자들은 대부분 이런 합리적인 의심을 한다.

"은행 대출이 4~5퍼센트인데
그 말이 사실이라면 당신이 대출받아서
전 재산을 투자하면 되겠네요.
그 좋은 걸 당신이 하지, 왜 저에게 추천하나요?"

10년간 주식으로 돈을 번 나에게 많은 사람들이 찾아온다.
이때 3퍼센트의 사람과 97퍼센트의 사람은
하는 질문부터 다르다.

3퍼센트의 사람은 내 수익률을 보고도
종목을 이야기하지 않는다.

"주식을 어느 정도 하면 대표님처럼 할 수 있나요?"
"그 과정에서 주의해야 할 점이 있습니까?"
"저도 할 수 있을까요?"

그들은 내 과정과 노력에서 답을 찾으려고 한다.
97퍼센트의 사람들은 하나같이 이 질문으로 대화를 시작한다.

"아이고, 오래 하셨으니 잘 아시겠네.
좋은 정보 하나만 주세요."

이들은 나의 노력에는 관심이 없다.
그 노력이 만든 결과에만 관심을 둔다.
그렇기에 이런 사람들이
결과만 가지고 유혹하는 다단계나 사기에 빠지는 것은
어쩌면 당연하다.

이처럼 3퍼센트의 사람들은 돈을 상식적으로 생각한다.

그것만 기억하면 된다.

그것만으로 모든 것은 바뀐다.

상식적인 돈의 시각으로 주식 투자를 바라보면

어떤 현상이 생길까?


주식 시장에서

개인 투자자의 돈은 세력 투자자에게 옮겨간다.

그것이 정설이다.

주식은 제로섬게임이기에

누군가가 돈을 벌려면 누군가는 잃어야 한다.

결국 97퍼센트의 투자자들이 잃어야 한다.

주식 시장은 개미지옥이라는 말은 옳다.

하지만 여기서 '역시 개미는 안 된다'고 생각한다면 97퍼센트다.

3퍼센트의 사람들은 다른 말을 한다.

그들은 두 가지 질문을 던진다.


**세력은 어떻게 사고파는가?**

**그리고 그들을 따라 하면 무조건 돈을 버는가?**


두 번째 질문은 조금만 생각해보면 답을 알 수 있다.

특정 세력이 무한대로 이기기만 한다면
우리나라 1등 부자는 특정 세력이어야 한다.
아직까지 주식 시장에서 1등 부자가 나오지 않았다는 것은
분명 세력도 돈을 잃는다는 것이다.
그래서 세력의 생각을 읽을 때
반드시 이 말을 명심해야 한다.

"세력도 손실을 본다."
그렇다면 당연히
"나도 손실을 본다."

나는 이를 토대로 주식 투자의 전제를 세웠다.
주식으로 100퍼센트 수익을 내는 방법 따윈
세상에 존재하지 않는다.
나보다 100배쯤 주식을 잘하는 고수라도
언제든 손실을 본다.
그러니 어떠한 경우에도 전 재산을 한 종목에 투여하지 말자.

물론, 수익에만 초점을 맞춘 시절에도
전 재산을 한 종목에 투여하지 말자는 원칙은 있었으나

원칙에 대한 합리적인 이유를 생각하지 않았다.

그러나 왜 그런지 이해하고 나니

손실을 보고 매도할 때 느꼈던 두려움이 조금은 사라졌다.

그렇게 나는 3퍼센트의 생각을 조금씩 닮아가고 있었다.


나머지 물음은

세력이 어떻게 사고파는가였다.

그것도 나는 단순하게 생각했다.

세력이 돈을 버는 방법은 간단하다.

'싸게 사서 비싸게 팔자.'

이게 전부 아닌가?

그렇다면,

싸게 사는 방법과 비싸게 파는 방법만 알면 되었다.


우선 싸게 사는 방법을 고민해보자.

다른 변수를 생각하지 말고 가격만 보고 생각하자.

한 달 전에 5,000원짜리 주식이 있었다.

지금 가격은 1만 원이다.

한 달 만에 두 배가 올랐다.

당신은 1만 원이 비싸다고 생각하는가?

싸다고 생각하는가?

당신의 머릿속에는 쉽게 대답하면

속을 것 같다는 의심이 가득할 것이다.

합리적인 의심을 하는 자세는 칭찬할 만하지만

이것은 예시니 좀 쉽게 대답해도 좋다.


나도 그렇고, 당신도 그렇고

아마 대부분의 사람들이 비싸다고 생각할 것이다.

한 달 전 5,000원에 팔던 가방을

한 달 후 1만 원에 사라고 하면

사기꾼으로 보는 것과 같은 이치다.


그런데

1만 원이었던 주식이 한 달 후에 2만 원이 되었다.

그럼 한 달 전 가격인 1만 원은 비싼 것일까, 싼 것일까?

싼 것이다.


그리고 같은 상황이 또 발생했다.

한 달 전에 5,000원짜리였던 주식이 한 달 만에 1만 원이 되었다.

지난번에 그랬듯이 2만 원이 될 줄 알고 주식을 샀다.

그런데 한 달 후 5,000원이 되었다.

그렇다면 내가 산 주식값 1만 원은 비싼 것이다.

이쯤이면 당신은

내가 투자에 대한 생각을 너무 쉽게 쓴다고 생각할 것이다.

그리고 이런 걸 왜 책에 쓰는지 궁금할 것이다.


그러나 이건 아주 중요한 문제다.

자, 다시 한 번 위의 글을 읽어보자.

나는 변수를 제외하고

오로지 가격만을 생각하며

이야기하자고 하였다.


'싸게 산다'는 건 가격을 기준으로 하는 얘기다.

그런데 가격을 기준으로 하면 시간이 지나야

싸게 산 것인지 아닌지 알 수 있다.


가격만을 기준으로 하여 투자하는 건

개인 투자자가 할 수 없는 영역이다.

가격이 결정되고 나서

평가하는 것은 누구나 할 수 있는 영역이며

설명할 수 있는 영역이다.

올랐던 주식에 이유를 붙이자면

100가지도 만들 수 있다.

과거에 내가 집착했던 보조 지표가

이미 오른 주식에 이유를 붙이는 역할을 충실히 수행한다.


그리고 그런 일을 하는 사람을 세상은 '전문가'라고 부른다.

전문가가 투자자가 될 수 없는 이유가 바로 여기에 있다.

그들의 분석은 결과론적으로 설명하는 것에 불과하고

돈을 벌기 위해 필요한 예측은 찾을 수 없다.


그래서 나는 전문가라는 사람들이 나와

지나간 결과를 가지고 분석을 하는 걸 신뢰하지 않는다.


여기까지만 보면 결국 싸게 사는 방법은

풀 수 없는 숙제처럼 느껴진다.

하지만 나는 이 숙제를 내 방식대로 풀었다.

그리고 재미있게도 이 숙제를 푼 것은 주식 시장이 아니었다.


어느 날 투자에 관련된 칼럼을 읽었다.

'대중들과 반대로 하라'는 내용이었다.

흔하디흔한

익히 들었던 이야기였다.

하지만 이 칼럼은 '싸게 사는' 방법을 찾는 열쇠가 되었다.

내가 찾은 답은 다음과 같다.

**돈을 벎** = 세력은 싸게 사서 비싸게 팜

**돈을 못 벎** = 개인 투자자는 싸게 팔고 비싸게 삼

**세력은 싸게 삼** = 그 싼 가격에 누군가는 팔아야 함

그 누군가가 바로 개인 투자자였던 것이다.

그래서 나는 주식 투자에서 싸게 사는 방법을

다음과 같이 정리했다.

**주식을 사야 할 때는 대중들이 팔 때**

**주식을 팔아야 할 때는 대중들이 살 때**

이 기준을 가지고 나는 오랜 시간 생각의 끈을 이어나갔다.

또한 반복 경험을 통해 구체화했다.

그리고 드디어

나만의 주식 투자 방법을 완성할 수 있었다.

구체화하는 과정은 책의 마지막 부분에 좀 더 설명할 예정이다.

누가 나에게 간혹 투자의 원칙을 묻는다면

나는 이렇게 대답하곤 한다.

**"주식을 잘하는 방법은**

**남들이 모두 팔려고 할 때 살 수 있는 용기와**

**남들이 모두 사려고 할 때 팔 수 있는 절제입니다."**

어떤가?

돈에 대한 제대로 된 상식을 깨우친 것만으로도

'개인 투자자들은 주식을 하면 안 된다'는 생각이

'개인 투자자들과 반대로 하면 돈을 벌 수 있다'는 생각으로

바뀌지 않는가?

이렇게 상식적으로 돈을 생각하면

3퍼센트의 사람이 될 수 있고

3퍼센트의 생각으로

0.3퍼센트의 흐름을

따라잡을 수 있다.

주식 시장뿐만 아니라
다른 투자 시장에서도 이 생각은 통한다.

3퍼센트의 상식을 다른 곳에도 적용해보겠다.
창업을 하면 많은 사람들이 이렇게 말한다.
"제가 하려는 창업은 다른 곳과 많이 다릅니다."
차별화의 중요성은
이미 수만 권의 책에서 다루는 내용이다.
그래서 예비 창업자들은
어떻게 차별화할 것인지 많은 고민을 한다.

간혹 '차별화'를 복잡하게 생각해
매장을 산으로 보내버리는 경우도 발생하고
생각만 하다가
실행으로 옮기지 못하는 경우도 발생한다.
그때 내가 해주는 조언도 97 대 3의 법칙이다.

"너무 복잡하게 생각하지 마시고 이것만 떠올려 보세요.
지금 하려고 하는 창업이
97퍼센트의 사람들이 찾는 아이템일수록 좋아요.

그리고 간단하게 생각하세요.

그렇게 많은 사람들이 찾는 아이템이라면

분명 많은 가게들이 먼저 하고 있겠죠.

이때 가장 중요한 것이 있어요.

97퍼센트의 가게가 하지 않는 걸 찾아야 합니다."

**97퍼센트의 사람들이 찾지만**

**97퍼센트의 가게가 하지 않는 것**

많은 사람들이 이 얘기를 처음 들으면

새로운 창조를 해야 한다고 생각하지만 사실 꼭 그렇지도 않다.

새로운 창조를 하는 것은 0.3퍼센트 사람들의 영역이자, 역할이다.

우린 그들의 방식을 분석해 활용하면 된다.

**창업에서 3퍼센트의 생각이란**

**모방 속의 창조다.**

**더 정확히는 '빠른 모방 속의 창조'다.**

창업에 대한 내용을 구체적으로 언급하기 전에 물어보자.

창업 아이템이

정말 세상에 없는 것인가?

아닐 것이다.

그럼 우리나라에 없는 것인가?

아닐 것이다.

그럼 내가 사는 도시에 없는 것인가?

아닐 것이다.


그렇다면 다른 가게와 차별화를 두기 위해

어떻게 해야 하는가?

이 질문에 답을 내리는 것이

3퍼센트의 길이다.


만약, '떡볶이집'으로 창업하고 싶다면

이 앞에 어떤 수식을 붙일 것인지를 고민해야 한다.

자, 그렇다면 이건 어떤가?

서울에서 한창 카레 떡볶이가 유행했을 시절.

부산에는 카레 떡볶이를 파는 가게가 없었다.

사람들이 떡볶이를 먹으러 서울까지 가지는 않으니까

'부산에서 처음 카레 떡볶이를 파는 집'이라는 차별화를 두면

부산에서 카레 떡볶이를 파는

다른 식당이 생기지 않는 한

부산에서 카레 떡볶이를 먹고 싶은 손님을 독점할 수 있다.

이런 재빠른 창조적 모방이 수익으로 연결된다.

그러나 이런 차별화는 누군가에게 금세 모방당할 수 있다.

장사가 잘되면 곧바로 근처에

카레 떡볶이를 파는 집이 생길 것이다.


많은 사람들이 자신의 가게는

'맛있는 카레 떡볶이를 파는 집'이라고 생각한다.

떡볶이 맛이 다른 곳과 다르다고 자부한다.

과연 진짜 그럴까?


모든 사람에게 똑같이 맛있는 음식은 없다.

아무리 맛집이라도 나에게 어울리지 않는 맛도 있다.

그런데도 97퍼센트의 사람들이

맛집이라고 부르는 곳도 있다.

그러나 그런 곳은 대부분 수십 년간 음식 맛을 인정받은

장인의 맛집이 아닌가?

당신이 장인이 되려는 마음이라면

장인이 될 자신이 있다면 해도 된다.

시간과 정성을 수십 년간 쏟는다면
분명 당신의 가게는 누구도 따라올 수 없는
고유의 맛을 가진 맛집이 될 테니까 말이다.

그러나 현실적으로 이야기를 하자면
그렇게 창업을 시작하는 사람이 많지 않다.
대부분은 좋은 맛을 널리 알리고 싶어서 창업하는 것이 아니라
창업하기 위해 맛을 이용하는 것일 테니 말이다.

'맛있는' 이라는 수식어를 붙이려는 행위는
'더 나은(Better)' 것으로 승부하겠다는 것이고
싸움에서 이기는 건 오랜 시간을 거쳐
소비자에게 인정받았을 때 비로소 가능하기에
당신에게 적합한 방법은 아니다.
당신이 해야 할 싸움은
'더 나은' 것이 아닌 '색다른(Different)' 것으로 승부를 봐야 한다.
그리고 이왕이면
가급적 남들이 쉽게 따라 하지 못하는 것이 좋다.

**따라 하고 싶어도 쉽게 따라 하지 못하는 가치가**

경쟁에서는 훨씬 유리하다.

그것을 우리는 '진입 장벽'이라고 부른다.


진입 장벽은 크게 두 가지다.

첫 번째는 자본으로 만든 진입 장벽이다.

이는 0.3퍼센트의 자본가들이 만든다.

**100평의 주차장을 가진 떡볶이집**

**유동 인구가 시간당 천 명이 넘는 장소에 있는 떡볶이집**

**4층 건물 전체가 떡볶이집**

이건 우리가 할 수 없는 영역이다.


두 번째는 노력으로 만든 진입 장벽이다.

어떤 진입 장벽을 세울 것인지 많은 고민을 할때

비로소 자기만의 장벽이 완성되고

그 장벽은 창업 자산이 된다.


13년 전, 함께 재테크 스터디를 한 사람이 있다.

그 사람이 처음 나를 찾아왔을 때를 잊을 수 없다.

다소 무섭게 생겼던 그분은 장사를 하고 싶다고 했다.

창업 아이템은 '떡볶이집'이었다.

맛에 대한 자신감이 넘치던 그분은
다른 친구와 동업을 할 예정이었다.
자본금은 고작 1500만 원 정도였던 것으로 기억한다.
떡볶이집이 지금처럼 많았던 시기는 아니었다.
그리고 할머니나 아주머니가 파는 곳이 대부분이었다.
또 주로 시장에 위치하여 허름한 분위기의 분식점이 많았다.

오랜 고민 끝에 만든
그들의 가게 수식어는 다음과 같았다.
'젊은 남자 두 명이 파는 카페 같은 떡볶이집'
'두 남자 떡볶이'라는 브랜드였다.
자본이 부족하여
상권의 중심지에 들어가기 힘들다는 걸 인정하고
수요층 대부분이 대중교통을 이용하는
젊은 친구들이라는 점을 고려하여
버스 정류장에서 중심지로 들어가는
작은 골목에서 가게를 시작하게 되었다.

가게를 열고 5년이 지나자
위치를 상권 중심으로 이전할 수 있었고

비슷한 콘셉트의 떡볶이집이 생기기 전에
다른 업종으로 전환하였다.

이후에도 승승장구하여 그 사람은 지금
3퍼센트의 사람이 되었다.
아니, 더 나아가
형성된 상권에 일찍 진입할 수 있는 자본력을 가진
0.3퍼센트의 사람이 되었다.

나는 그 사람의 성공 요인을 97 대 3의 법칙에서 찾는다.
97퍼센트의 사람들이 떡볶이를 좋아하지만
97퍼센트의 떡볶이 가게가 가지고 있지 않았던 수식
그들은 그 수식을
'깔끔한 인테리어의 떡볶이집이 없다.'
'떡볶이집은 나이 많은 아줌마들만 하는 줄 안다.'
이 두 가지에서 찾아낸 것이다.

우리는 엄청난 자본력으로 투자물의 가격을 주도하고
상권을 형성하는 0.3퍼센트의 사람이 되려는 게 아니다.
그들의 생각을 읽고,

그들을 활용할 줄 아는
3퍼센트의 사람이 되려고 한다.

97퍼센트의 사람들은
돈을 어렵고 특별한 것이라 생각하지만
**3퍼센트의 사람에게 돈에 대한 상식은 특별한 것이 아니라**
**지극히 평범하고 상식 안에서 설명이 가능한 것이다.**

그렇기에 대중들과 반대로 걸어가야 한다.
즉 생각의 전환이 필요하다.
**3퍼센트의 사람들이 하는 생각과 행동은**
**97퍼센트의 사람들이 하지 않는 생각과 행동이다.**

당신이 이 구간에서 해야 할 일을
마지막으로 정리하면 다음과 같다.

- 원금 1000만 원 중 100만 원으로 당장 시작하기
- 최소 열 번의 기회를 통해 투자 경험을 몸으로 익히기
- 이 모든 과정에서 수익을 낼 수 있는 자신만의 투자 방식을 만들기

이 과정을 착실히 걸어간다면
어느새 1억 원이라는 돈이 당신의 통장에 들어올 것이다.

이제
좀 더 날카로운 무기로
다음 단계로 넘어갈 차례다.

# 무료 추천주의 비밀

'주식 투자'를 인터넷에 검색하면 관련된 회사들이 많이 나온다.

그리고 그 회사들의 홈페이지에는

'일주일간 주식 종목 무료 추천' 같은 문구와

회원들의 수익을 화려하게 보여준다.

그 함정에 걸려 파산에 이르는 사람을 여럿 목격했고,

큰 손실을 보고 온 사람들을 수도 없이 많이 만났다.

그곳의 함정을 지금부터 설명해보려 한다.


회원들의 수익을 보여주며

주식 종목을 무료로 추천해준다고 하면 사람들은
열광하며 가입한다.
전화번호와 이름만 작성하면 되니 부담이 없다.
하루에 200명의 사람들이 가입 신청을 하면
한 달이면 6,000명의 고객을 확보할 수 있다.
그렇게 한 달간 고객을 확보한 회사가 하는 행위는
다음과 같다.

1,500명의 회원에게 A라는 종목을 추천
1,500명의 회원에게 B라는 종목을 추천
1,500명의 회원에게 C라는 종목을 추천
1,500명의 회원에게 D라는 종목을 추천

눈 감고 종목을 네 개 선택해서 추천했다고 하더라도
만약 A, B 종목은 오르고 C, D 종목은 하락하면
수익을 본 3,000명의 사람이 남는다.
그 사람들을 또 750명씩 나눠
A, B, C, D 종목을 추천한다.
또 A, B 종목이 오르고 C, D 종목은 하락하면
수익을 본 1,500명의 사람이 남는다.

그 사람들을 또 375명씩 나눠
A, B, C, D 종목을 추천한다.
또 A, B 종목이 오르고 C, D 종목은 하락하면
수익을 본 700명의 사람이 남는다.
그 사람들을 또 175명씩 나눠
A, B, C, D 종목을 추천한다.
또 A, B 종목이 오르고 C, D 종목은 하락하면
수익을 본 350명의 사람이 남는다.

이제 남은 이 350명의 사람들은
공짜로 추천해준 주식이 모두 수익을 올렸으니
이 회사를 신처럼 여기고, 인생의 구세주쯤으로 여긴다.
그때 회사는 이 사람들에게 제안을 한다.

"공짜로 추천해준 주식 종목으로
수익이 났으니 그걸로 유료 회원 가입하세요.
VIP로 회원 가입하면 추천주도 더 많고
관리도 더 체계적으로 할 수 있어요.
그리고 그간 수익이 적힌 매매 일지 좀 주세요.
그리고 후기도 작성해주시고요."

홈페이지에 가보니

한 달에 70만 원인데 1년권으로 끊으면

840만 원을 300만 원으로 할인해주겠다고 한다.

대신 환불은 되지 않는다고 말한다.

(특정 회사는 비밀 유지 계약서도 작성한다.

나중에 손실이 나면 외부로 그 사실을 못 밝히게 하려는 역할이다.)

그렇게 유료로 전환하는 순간부터

그간 수익이 나던 추천주가 손실이 나기 시작하고

손실이 나면 회사는 핑계를 대기 시작한다.


지수가 안 좋다.

다음 달에는 수익을 내주겠다.

들고 있으면 오른다.


그렇게 시간을 끌어 두세 달이 지나면

이제 고객도 스스로 깨닫는다.

'여기는 아니다.'

뒤늦게 환불 신청을 해봐야

할인을 받아서 가입했던 사람들은

환불이 안 된다는 사실을 알게 되거나

가입비 150만 원(홈페이지에 있는 정보를 봤다는 명목)에
정상 가격 월 70만 원을 한두 달하면
이미 환불 가능한 금액은 없다는 사실도 알게 된다.
그렇다면 무료 추천주 정보를 받았던 3,000명 중에서
손실을 본 1,500명의 투자자들은?
그들에게 회사는 이렇게 말한다.
"무료라서 그렇다. 유료를 담당하는 전문가는 다르다."

무료로 받은 정보에 항의하는
사람은 거의 없고 하고 싶어도 작성할 수 있는 공간이 없다.

이제 무료 추천주를 받는 게
얼마나 의미 없는지 알겠는가?

좋은 정보라면 전문가가 직접 투자하지
얼굴도 모르는 고객에게 추천해줄까?
대부분 그런 사기꾼들은
"재능을 기부한다." 혹은
"불쌍한 개미들을 위해서."라고 얘기한다.
그런 마음이 있으면 돈을 받지 않고 해주면 되지 않는가?

결국, 그들이 돈을 벌기 위해 하는 사업일 뿐이다.
문제는 그 사업의 방향이 사기일지라도
그들을 처벌할 수 있는 방법이 없다는 것이다.
수없이 많은 개인 투자자가 이런 사기에 당하지만
결국 선택은 돈에 눈이 먼 개인 투자자가 했기 때문이다.

결국
책임은 세상에 공짜가 있다고 믿은
불쌍한 개인 투자자에게 물을 뿐이다.
**반드시 명심하자. 세상에 '공짜'는 없다.**

성숙 구간

# 날을 세우고, 흔들리고, 돌아올 것

투자는 돈으로 모든 걸 설명할 수 있다.
투자자로서 돈을 벌었다는 것은
투자에 번 돈만큼 시간과 정성을 투여했다는 것이고
1억 원의 자금을 만들었다는 이야기는
중급 레벨의 투자자가 되었다는 의미다.

이제 당신은 이런 생각을 할 것이다.
"이 방식으로 투자하니 정말 돈이 모이는구나."
"좀 더 잘하고 싶다. 더 높이 올라서고 싶다."
이런 생각을 가져도 괜찮다.
그럴 자격이 있을 만큼 당신은 성장했기 때문이다.
이제 당신에게 3단계 구간이 펼쳐진다.
이 구간에는 '흔들리지 않는 투자자'로 거듭나는 걸 목표로 삼는다.
그러기 위해 당신에게 필요한 행동을 지금부터 이야기하려 한다.

• 투자의 날을 세울 것
• 반드시 찾아오는 슬럼프에 대비할 것

5억 원에 도달하기 위해, 이제 시작해보자.

# 스스로를 믿게 만드는
# 단 한 가지의 무기만 남겨라

이 단계에서는 가장 먼저

투자의 날을 세워야 한다.

1억 원 정도를 모았던 시기를 돌이켜보면

이때 가장 많은 기법을 가지고 있었다.

그 기법들은 내가 공부했던 기법 중에서

실제로 적용해보고 살아남은 것이었다.

그것들은 각기 다른 방식으로 수익을 안겨줬다.

당신 역시 마찬가지일 것이다.

만약 당신이 주식을 투자 수단으로 하여 여기까지 왔다면

다양한 기법을 가지고 있을 것이고

만약 당신이 부동산을 투자 수단으로 하여 여기까지 왔다면

갭 투자, 중심지 투자, 경매, 임대 수익 등

다양한 방식을 가지고 있을 것이며

만약 당신이 창업을 투자 수단으로 선택했다면

창업 노하우나 다양한 창업 형태를 익혔을 것이다.


그렇지만 이제는

선택과 집중이 필요하다.

당신이 만든 다양한 방식 중

한두 가지를 선택해 그 방식에 집중해야 한다.

힘들게 익혀온 것들을

이제 와서 버리라는 이야기로 들릴지도 모른다.

버리기엔 차마 아깝다고 생각할지도 모른다.

하지만 버리는 것이 아니다.

더 나아가기 위해,

남겨진 방식을 좀 더 다듬기 위해

나머지 것들을 양분으로 사용하는 것이다.

왜 그렇게 해야 하는 걸까?

한마디로 '시간과 정성'의 밀도를 높이기 위해서다.

모든 인간에게 시간은 동일하다.

투여된 시간이 곧 밀도를 결정한다.

친구와의 관계를 예로 들어 알아보자.

하루 중 친구를 만날 수 있는 시간이 다섯 시간이라면

열 명의 친구를 고르게 만나는 것과

한 명의 친구를 집중적으로 만나는 것에는

차이가 있을 수밖에 없다.

전자는 열 명의 친구를 두루 알지만

깊이 있는 관계는 없다.

후자는 한 명의 친구만 남겠지만

그 친구와 깊이 있는 관계를 맺을 수 있다.

그러니 여러 가지 투자 수단 중에서

몇 가지만 남겨 깊이 있는 관계를 맺을 때다.

왜 깊이가 필요할까?

결국 돈이다.

1억 원이란 자본을 가지고 투자를 하면

100만 원으로 투자했던 때보다

훨씬 많은 금액을 투여하게 된다.

그만큼 돌아오는 이익도 크겠지만

동시에 손실도 크게 입을 것이다.

커져버린 돈은 당신에게 스트레스로 다가올 것이다.

그런 스트레스에 흔들리지 않는 확신은

100가지의 어설픈 무기가 아니라

한 가지의 확실한 무기에서 출발한다.


만약 당신이

노래도, 춤도, 게임도 남들보다 적당히 잘한다고 가정해보자.

만약 누군가가 1,000원 내기 게임을 하자고 제안한다면

당신은 노래도, 춤도, 게임도

흔쾌히 응할 것이다.

하지만 1,000원이 아닌 1000만 원이라면? 1억 원이라면?

당신은 과연 노래나 춤 혹은 게임에 그 돈을 걸 수 있을 것인가?

당연히 못 할 것이다.

이것저것 잘하긴 하지만,

'누구보다' 잘한다는 확신은 없기 때문이다.

만약 그런 상황이 온다면,

그래서 어쩔 수 없이 한 가지를 선택해야 한다면

당신은 스스로를 돌아보고 물을 것이다.

"내가 가장 잘하는 게 뭐지?"

"내가 가장 많은 시간을 투자한 게 뭐지?"


1,000원짜리든 1000만 원짜리든 게임의 룰은 같았다.

하지만 대하는 마음가짐이 완전히 달라졌다.

돈의 크기가 달라졌기 때문이다.

마찬가지다.

투자 환경은 100만 원을 투자할 때나

1000만 원을 투자할 때나

같을지도 모른다.

경기는 여전히 불경기에

국내의 정책적 상황, 국외의 정치적 상황도 비슷할지 모른다.

하지만 돈의 크기는 달라졌다.

그것만으로 당신이 매 순간 느끼는 긴장감과 중압감은 달라진다.

이것을 이겨내기 위해서는

전에 없던 보다 깊은 확신이 필요하다.

그 깊은 확신은 무엇으로 만들어질까?

투여한 경험과 시간이 만든 밀도로만 가능하다.

조금씩 잘하는 열 가지 재주에는 밥을 굶는 법이고
모든 능력치가
적당히 고르게 높은 선수는 프로가 될 수 없는 법이다.

이제 당신에게 필요한 것은
평균치보다 약간 나은 투자 방식이 아니다.
누구에게도 뒤지지 않을 단 하나의 방식이다.
그럼 무엇을 남겨야 할까?

가장 많은 수익을 안겨준 방식을 남기면 된다.
결과는 거짓말을 하지 않는다.
가장 많은 수익을 남겨준 것이
가장 잘 맞는 방식이다.
그 방식만을 남기고 집중하라.

그 방식으로 달라진 돈의 크기가 주는 중압감을 견뎌내야 한다.
그 이후 더욱 많은 경험을 쌓을 때
더욱 많은 시간을 투여할 때
그 방식이 가진 날은 점점 날카로워질 것이다.
시시각각 변하는 투자 상황이 주는 불안감을

날카로워진 날로 베어내야 한다.

100만 원으로 당신에게 경험을 주던 게임은 이미 지났다.
지금부터는 한 판 한 판이 살얼음 위를 걷는 것과 같을 것이다.
그곳을 걸어갈 신발은 수십 개일 필요가 없다.
가장 오랜 시간을 공들여 만든
그래서 누구보다 튼튼하고 따뜻한 털신, 그것 하나면 족하다.

명심해라.
**천 개의 무기도, 내 손에 잘 맞는 하나의 칼을 이길 수 없음을.**

# 초심을 일깨워주는
# 고마운 이름 '슬럼프'

투자를 할 때 나는 종종 이런 생각을 한다.

미리 준비하고 대비하여

모든 좋지 않은 것들을 막을 수 있으면 좋겠다는 생각.

만약 그럴 수 있다면

투자자로 사는 삶뿐만 아니라

한 사람으로서의 삶이 너무나 행복해질 테니 말이다.

하지만 그런 일은 존재할 수 없다는 걸 잘 안다.

인간은 완전을 추구하는 지극히 불완전한 존재니까.

투자의 날을 세우고,

그 날로 중압감을 베어낸다 한들

이 시기에 당신이 반드시 경험할 수밖에 없는 독이 하나 있다.

바로 슬럼프다.


나는 수십 명의 성공한 투자자를 만나면서

단 한 번의 슬럼프도 겪지 않은 투자자를 본 일이 없다.

나 역시 마찬가지다.

대부분의 투자자는 이 단계에서

슬럼프라는 상처를 흉터로 새긴다.

그리고 대부분은 이 구간에서

그 슬럼프를 경험한다.

슬럼프는 왜 오는 것일까?

그리고 왜 하필 이 구간에서 오는 것일까?

'만족했지만 동시에 그 이상을 바랐기 때문'이라고 말하고 싶다.

0원에서 1억 원을 모으는 과정은 요행만으로 이루어지지 않는다.

그 안에는 수많은 시간과 정성이 들어 있다.

자기만의 방식으로 투자 결과를 해석하고

그 방식으로 수익을 내다 보면

이 구간에서 어느새 자기 방식을 '자신'해버린다.

이 방법이 가장 확실할 것 같고

이 방법으로 모든 것을 해결할 수 있을 것 같은 자신감.

그 자신감은 누구나 가지게 된다.

어찌 보면 당연하다.

그 자신감은, 지금까지 자기가 노력해온 삶에 대한 결과물이니까.


하지만 문제는

더 이상 새로운 개발을 하지 않으려 한다는 것이다.

과학자가 만족하면

과학자로서의 삶은 끝이 난다는 말을 들어본 적이 있다.

진리를 탐구해야 하는 과학자가

만족을 하는 순간 더 이상 앞으로 나아갈 수 없다는 의미다.

자기 방식에 만족하는 순간

앞으로 나아가기보다는, 현재의 방식을 고수하려 한다.

문제는

그럼에도 수익은 더 많이 내고 싶어 한다는 데 있다.


결국 투자를 더 깊이 알기 위한 노력은 멈추고,

기존의 방식으로 얻었던 수익 이상의 것을 바라게 된다.

**'자기가 노력한 것 이상의 가치를 바라는 행위'**

1단계에서 경계해야 했던 이 행위를

이번 단계에서 다시 경계해야 한다.

이 슬럼프를 어떻게 극복하느냐에 따라

5억 원 구간을 돌파할 수 있느냐, 없느냐가 결정된다.

슬럼프가 찾아왔을 때

이를 어떻게 극복해야 할까?

답은 간단하고 상식적이다.

원하는 돈의 크기만큼 다시 노력하면 된다.

게을러진 삶을 다시 조이면 된다.

처음 돈을 배웠을 때의 마음가짐

시간과 정성으로 돈을 벌겠다는 그 마음가짐

그곳으로 돌아가면 된다.

결국 초심으로 돌아가면 되는 것이다.

하지만 그 일이 참 쉽지가 않다.

나 역시 처음 슬럼프가 왔을 때의 괴로움이 아직도 생생하다.

당신도 이미 성과를 내고, 자신감이 붙었기에

다시 초심으로 돌아가 노력하는 게 쉽지 않을 것이다.

그럼 무엇을 통해 초심으로 돌아갈 수 있을까?

수많은 방법이 있겠지만

내가 선택했던 방법은,

잠시 멀어지는 것이었다.

내가 만났던 모든 투자자가 슬럼프를 겪었지만

극복했던 방식은 저마다 달랐다.

누군가는 평소에 좋아했던 음악을 배우기 시작했고

누군가는 여행을 떠났다.

누군가는 게임을 시작하고,

누군가는 운동에 집중했다.

나는 주식 자체를 잠시 접었다.

매일 보던 차트를 더 이상 보지 않았고

매일 앉아 있던 사무실을 잠시 떠났다.


모든 투자자가 슬럼프를 극복하기 위해

투자와 거리를 두었다.


주식 투자를 하지 않는 동안

세상은 변하지 않았지만 내 심경에는 변화가 찾아왔다.

주식 투자를 하며 받았던 스트레스는 서서히 잊고

수익을 얻고 느꼈던 만족감이 기억나기 시작한 것이다.

아픔은 멀리하면 잊히지만

즐거움은 멀어질수록 더 생각나게 되는 법이다.

투자를 배우며 알아갔던 즐거움.

첫 투자를 성공했을 때 느꼈던 만족감.

그것을 이루기까지 들였던 시간과 정성의 가치를

투자와 잠시 멀어지고 나니 새삼 느끼게 된 것이다.

나는 그렇게 초심을 다시 배웠다.

**초심이란 '그때로 돌아가야지.'라고 생각해서 생기는 것이 아니라 부딪치고 방황하면서 자연스럽게 얻는 것이다.**

당신에게도 슬럼프는 찾아올 테고

그 누구도 슬럼프를 막을 수는 없다.

그러니 슬럼프가 찾아왔을 때

이 말을 꼭 기억했으면 좋겠다.

**슬럼프는 투자를 할 때 벽이 되지만**

**동시에 당신이 그만큼 노력해왔다는 증거이기도 하다.**

**노력하지 않는 자에게는 벽도 보이지 않는 법이니까.**

그 노력을 믿길 바란다.

슬럼프는
그만큼 당신이
노력해왔다는
증거다.

당신이 걸어온 길은 잘못된 길이 아닐 테니.
그런 당신을 믿길 바란다.

슬럼프가 오면 조급함에 자신을 탓하기보다는
돈에서, 투자에서
몇 발짝만 물러서보길 바란다.

그러다 보면
**슬럼프라 느꼈던 그 큰 벽이**
**어느새 당신이 조금 더 높이 올라갈 수 있도록 도와주는**
**디딤돌로 변해 있을 것이다.**

# 금융 상품을 이해하는
# 가장 빠른 방법

금융업에 취업하려는 친구들이 취업 상담을 요청하면

나는 늘 한 가지 숙제를 내준다.

"토익 공부 대신 한 가지 중요한 경험을 하세요."


하루에 다섯 시간, 한 달간 아르바이트를 하고 받은 급여 50만 원을

다섯 가지 금융 상품에 나누어 직접 투자하고

매월 그 결과를 분석하여 리포트를 작성하라고 했다.

이 숙제를 내주는 이유는 크게 세 가지가 있는데

첫 번째는 토익 점수 50점을 더 받는 것보다
경험을 녹여낸 리포트가
취업에 훨씬 유리하기 때문이다.

두 번째는 금융 상품을 공부하는 과정이 즐거운지 아닌지
직접 경험해보면서 오랜 기간 종사하게 될 금융업이
자신에게 어울리는 직업인지 스스로 판단해보라는 의미에서다.

끝으로 자신의 돈을 직접 투자하는 것보다
더 빠르고 정확하게 그 상품을 이해하는 방법은
존재하지 않기 때문이다.

그리고 이때 중요한 건
그 돈의 크기가 반드시 작아야 한다는 점에 있다.

오랜 시간 투자 교육을 진행하면서
내가 깨우친 절대적인 진리가 하나 있다.
돈의 크기가 작을수록 배울 것이 많다는 것이다.

돈의 크기가 자신의 그릇보다 커지면

돈의 노예가 된다.
배움보다는 수익에 초점을 맞추고
공부보다는 기도를 하게 된다.

또한, 적은 금액일수록
시장을 제삼자의 눈으로 바라볼 수 있게 되며
객관적이고 이성적인 판단을 할 수 있게 된다.

자신의 투자가 어떻게 잘못되었는지,
자신의 투자에서 무엇을 잘했는지,
자신이 앞으로 무엇을 해야 하는지 생각할 수 있게 된다.

이 과정은 사실 금융업에 종사하려는 사람에게만
필요한 것은 아니다.
돈을 공부하려는 사람이라면 한 번쯤 시도해볼 만한 가치가 있다.

그리고
나에게 어떤 금융 상품을 공부해야 하냐고 물어본다면
지키는 힘보다는,
불리는 힘을 가진

투자 상품에 투자해보라고 답할 것이다.

- ## 공부해볼 만한 '불리는 힘'의 대표 금융 상품

### 주가지수 연동 상품

ELS(Equity Linked Securities: 주가연계증권)

ELF(Equity Linked Fund: 주가연계펀드)

ELD(Equity Linked Deposit: 주가연계예금)

### 펀드 상품

국내 펀드

해외 펀드

원자재 펀드

### 금융 직접 투자

국내 주식 직접투자

해외 주식 직접투자

국내 선물·옵션 투자

해외 선물·옵션 투자

FX 마진거래

앞의 선택지 중에서 각각 한두 개씩을 뽑아

총 다섯 가지의 투자를 경험해보자.

만약 최소 가입 금액이 10만 원이 넘어가는 상품을

선택하고 싶다면,

같은 군에 있는 다른 것을 먼저 선택하여 경험해본 후 가입하자.

# 4단계

## 선택 구간

# 행복을 선택하다

잉여 자금
5억 원 이상

누군가가 그런 말을 한 적이 있다.
인간의 역사를 순간으로 보면 흥망성쇠로 설명할 수 있지만
전체의 시각으로 보면 언제나 앞으로 걸어왔다고.

나는 이 말을 참 좋아한다.
지금까지 걸어온 내 길도
조금 먼 시각에서 보면 이와 크게 다르지 않은 것 같다는 생각이 든다.

어설펐고, 힘들었고, 흔들렸고, 주저했지만
그럼에도 계속해서 걷다 보니 지금에 이르렀고
돌아보니, 그 길은 꼬불꼬불할지언정
늘 조금씩 앞으로 나아갔기 때문이다.

당신도
처음 적금을 들었던 순간부터
돈과 시스템을 이해하고,
투자 수단을 공부한 시기를 지나
어설픈 실전을 수없이 반복하며
때론 사기라는 달콤한 유혹에 시달리며
이미 낡아버린 세 권의 책을 손에 쥔 채
자기만의 투자 수단을 만들어가며
누군가를 알아가며,

가르치며,

또한 흔들리며

이 자리에 있을 것이다.


여기까지 온 당신에게

참 수고가 많았다는 말을 진심으로 전하고 싶다.


이제 당신과 나는 크게 차이가 없다.

당신에게 더 가르치고 알려줘야 하는 내용이 이제는 없다.

가진 돈의 크기는 다를 수 있어도

돈을 이해하고

돈을 만들 수 있는 방법에 대한 지식,

그 방법에 대한 확신은 나와 다르지 않을 것이기 때문이다.


그래서 이 단계에서는

이것을 하라,

저것을 하지 말라는 말은 하지 않겠다.

나는 이제 당신에게 더 이상 가르칠 것이 없다.


당신은 이제 행복을 위해 '선택'해야 한다.

# 돈으로 행복을
# 선택할 수 있는 시기

영화에서 주인공을 위해

희생하는 등장인물이 입버릇처럼 하는 이야기는 다음과 같다.

"나는 살 만큼 살았다."

이제는 너무나 흔한 클리셰가 된 이 말은

언제나 늙은 캐릭터의 몫이다.

오랜 세월을 살아온 자만이

입에 담을 수 있는 이야기이기 때문이다.

5억 원이란 금액을

본인의 투자 역량만으로 만든 사람이라면

이제는 이 말을 할 수 있다.

"할 만큼 해봤고, 알 만큼 알았고, 벌 만큼 벌었다.'"

이 구간에 왔다면 이제 당신은

방법과 노력, 그리고 비용의

정확한 상관관계를 깨달을 수 있게 된다.

즉, 어떻게 해야 돈을 벌 수 있는지

돈을 벌기 위해서

얼마나 노력해야 하는지를 정확히 알게 된다.


그리고, 이 구간에 진입하게 되면

비용과 정성을 최소한으로 들여도

꾸준히 수익을 낼 수 있는 방법을 깨닫는다.

노력을 거의 하지 않아도, 일정한 수익을 내는

자기만의 방법을 깨닫는 것이다.

창업이라면

대부분의 일을 아웃소싱하더라도

꼭 필요한 몇 가지만 체크하면

수익이 유지될 수 있다는 걸 깨닫는다.

부동산이라면

매번 좋은 매물을 찾기 위해 발로 뛰지 않아도

특정 방식이나, 정보만 가지고도
기본적인 수익은 만들 수 있다는 걸 알게 된다.
주식이라면
1년 내내 전업 투자를 하지 않아도
특정 구간에 주식을 구입하면
일정 기간이 지난 후 적정량의 수익이 발생하는 걸 깨닫는다.

과거에는 '돈'에 집착했다면
이제는 '돈을 버는 것'에 익숙해지는 시기다.
생산물보다는 생산수단에 초점을 맞춰 살 수 있는
'돈이 돈을 버는 시기'가 드디어 온 것이다.
보통 이 시기에 다다르면
다른 이들이 '돈이 돈을 번다'며
부러워한다.
하지만 이것 역시 시간과 정성이 만든 결과라는 것을
사람들은 모른다.

이를 잘 표현해주는 일화가 바로 피카소의 일화다.
**피카소에게 그림을 그려 달라고 부탁했더니**
**그는 30분 만에 그림을 완성하고 8000만 원을 요구했다.**

너무 날로 먹는 것 아니냐는 항의에 그는 말했다.
"30분 만에 그림을 완성하기 위해
나는 40년간 그림만 그렸습니다."


열심히 노력해서 회사를 성장시키면
그 회사의 주식 정보를 가장 많이 알게 되어
주식 시장에서 이득을 얻을 수 있듯이
열심히 공부해서 좋은 대학을 가면
상대적으로 그렇지 않은 대학의 사람보다
더 좋은 곳에 취업하고 더 빨리 승진할 수 있듯이
지금까지 들여온 노력이
투자에서도 보상으로 다가오는 것이다.
물론 시간과 정성이 줄었기에
벌어들일 수 있는 수익은 그에 비례하여 줄어든다.


하지만
더 이상 투자에 많은 시간을 쏟지 않아도 된다.
벌어들이는 수익은 적어질지라도
그만큼 많은 시간을 확보할 수 있다.
이를 누군가는 경제적 자유라고 말하기도 한다.

30분 만에
그림을 완성하기 위해
피카소는 40년간
그림만 그렸다.

경제적 자유는 많은 돈을 버는 것이 아니라

대부분의 시간을 나를 위해 사용해도

경제적으로 부족하지 않은 상황을 말한다.

그래서 경제적 자유를 얻으면

돈이 아니라 시간으로부터 자유로워진다.

많은 책들이 경제적 자유를 무기로

갖가지 방법론을 동원하여 당신을 유혹하지만

당신은 이제 알 것이다.

**경제적 자유는 특정한 한 가지 방법을 알아서**

**가능한 것이 아니라**

**그간 당신이 들였던 시간과 정성이 있었기에 가능하다는 사실을.**

그래서 나는 경제적 자유라는 말보다 은퇴라는 단어를 쓴다.

은퇴하면 지금까지 노력하고 열심히 걸어온 만큼,

남은 시간을 자신의 삶을 위해 쓸 수 있다.

은퇴를 하는 궁극적인 이유는

지금보다 더 행복해지기 위해서다.

소원해진 주변과의 관계를 회복하고

포기했던 다양한 꿈을 취미로나마 해보고

보고, 듣고, 해보고 싶었던 많은 것들을

남을 위해서도, 돈을 위해서도 아닌

오직 자기 자신의 행복을 위해서

남은 시간을 쓰기 위해서다.


혹자는 말한다.

행복은 돈으로 살 수 없다고.

하지만 돈을 알았기에

돈을 만드는 그간의 노력이 있었기에

이제 당신은 행복을 선택할 수 있게 되었다.

# 자유로워질 것인가,
# 한 단계 더 오를 것인가

은퇴하라는 것이
지금 당장 투자에 손을 떼라는 이야기는 결코 아니다.
5억 원이라는 돈이 은퇴 자금으로 충분할 리 만무하고
한참 투자자로서 성숙해야 할 그 시기에
갑자기 투자에 손을 놓는 것은
큰 손해이기 때문이다.
내가 하고 싶은 말은
당신은 노력으로 도달할 수 있는
'투자자 레벨'을 넘어섰기에

지금부터는

어느 시점이 되었을 때

보다 자유로워질 것인지를 생각해보라는 것이다.

시점은 나이가 아닌 금액으로 정한다.

어느 정도의 금액이 있으면 행복할 것인지를 설정하면

그 금액에 도달하기까지의 대략적인 시간을

충분히 계산할 수 있다.


그 시기까지 이미 만들어진 당신의 역량으로

수익을 내면서 서서히 은퇴를 준비해야 한다.

만약 당신이 지금보다 더 높은 수준의 투자자,

초고수가 되기를 원한다면

그것은 노력만으로 가능한 영역이 아니라는 말을 해주고 싶다.


나는 모든 투자가 시간과 정성을 쏟으면 수익을 얻을 수 있다는 걸

부정하고 싶지는 않지만

그래서 모든 사람들이 내가 말한 방법을 실행하는 것만으로도

경제적 자유를 생각할 수 있는 수준에 도달한다고 확신하지만,

그 이상의 단계도 분명 존재한다.

나는 현재 그 영역을 걸어가고 있다.

아직 도달하지는 않았지만
오히려 현재 진행형이기에
그 영역이 얼마나 가시밭길인지 너무나 잘 안다.
그래서 모든 사람이 이 길을 걸어가길 원하지는 않는다.
오히려 걸어가지 않길 바란다.

여기엔
논리로 설명할 수 없는
개인의 힘으로 해결할 수 없는 힘듦이 있기 때문이다.
솔직히 이 길을 걸어가는 나는
지금도 많이 무섭고 불안하다.

지금 당신의 투자 시급은 이미 최고조다.
과거에는 열 시간을 투자해야 맺을 수 있었던 결실을
이제는 다섯 시간, 아니 세 시간만 해도 맺을 수 있다.

이제
다섯 시간만 일하면서 얻는 수익을 차곡차곡 모으다가
좀 더 시간이 지나면 시간을 더 줄여 세 시간만 일하고
삶의 모든 시간을 오롯이 자기를 위해 쓸 것인지

아니면 남은 일곱 시간에 더 많은 노력을 쏟아
100억 원~1000억 원 부자의 반열에 도전해볼 것인지를
결정해야 하는 시기다.

어느 선택을 추천하냐고?
나는 행복한 길을 선택했으면 한다.
돈에 대해 알아야 한다고 주장했지만
나도 결국 행복해지기 위해서 투자를 하니까 말이다.
내가 전업 투자를 처음 시작했을 때부터
지금까지 내 옆에 있어준 동행자는
나보다 한 살 어린 동생이다.
이 친구는 10억 원 정도의 자산이 모였을 때
은퇴 시기를 결정했다.
그때 나에게 이런 생각을 들려주었다.

"저는 이 정도까지 왔으면 충분한 것 같아요.
매일 차트를 보며 많은 시간을 쏟는 것에
전혀 불만은 없지만, 앞으로도 계속 이렇게 살긴 싫어요.
물론 여기서 더 욕심을 내면 자산은 더 빨리 모을 수 있겠지만
그만큼 스트레스를 받아야 하고

조급함에 시달려야 하겠지요. 그러긴 싫어요.

무엇보다 그때가 되면

지금 하고 싶은 것들을 못 하고 보낸 시간이

너무 아쉬울 것 같아요. 내 삶에 미안할 것 같아요."


36년간 해외여행을 단 한 번도 가지 않은 동생이었다.

벌어들이는 수익에 비해

그리 좋지 않은 차에 만족하는 동생이었다.

이 말을 끝으로 동생은 조금씩 은퇴를 준비하고 있다.

단기 매매를 줄여나갔고

책상 앞에 앉아 있는 시간을 줄여나갔다.

그간 못해본 취미 생활을 시작했고

남들이 부러워할 만한 차를 구매했다.

이 친구가 정한 은퇴 금액은 30억이다.

이 금액에 도달하기 전까지는

그동안 자신이 쌓아왔던 투자 역량만으로

일정 시간만 투자해 수익을 올릴 것이라고 한다.

이 금액을 만든 후에는 가지고 있는 기법 중

단기 매매에 관련된 기법은 모두 정리를 하고

정말 최소한의 시간만을 투여해

원금이 손실되지 않고

생활할 수 있는 수준의 수익만 올리며 살겠다고 한다.

그로 인해 얻은 여유 시간을

자기를 위해 쓰며 살아가겠다는 이 친구가

나는 참 대단했고, 부러웠다.

그렇게 준비하는 이 친구의 삶이

어느 때보다 행복해 보였기 때문이다.

그 친구는

지난 십수 년을 노력하며

누구보다 치열하게 살아왔다.

그걸 옆에서, 가장 오랫동안 지켜보았기에 나는

이 친구가 행복할 자격이 충분하다고 생각한다.


당신 역시 몇 년이 걸리든, 이 순간에 도달했다면

행복할 자격이 충분히 있다.

은퇴를 결정했다면

당신을 위한 이야기는 여기가 마지막이다.

정말 수고 많았다.

지금까지 투여했던 시간과 정성

딱 그만큼의 행복이 당신과 함께하기를 진심으로 기원한다.

# 내가 걷는 이 길을
# 선택했다면

그럼에도 불구하고

당신이 나와 같은 길을 선택했다면

100억 원대, 1000억 원대의 길을 걸어가고 싶은 당신이라면

몇 가지 당부하고 싶다.

**첫째, 앞으로의 노력은 훨씬 커야 한다.**

'리니지'라는 게임이 있다.

그 게임에서 레벨 50과 레벨 51의 차이는 1에 불과하다.

하지만 50에서 51이 되기 위해 필요한 경험치는

1에서 50까지 쌓은 경험치의 두 배다.

앞으로 레벨을 한 단계 더 올리는 것도 이와 유사하다.

1단계, 2단계, 3단계를 거치면서 했던 노력의

갑절 이상이 필요하다.

각오를 해야 한다.

더욱이 지금부터 하는 노력은

누구도 방향을 제시해주지 못한다.

이 길에는 스승이 존재하지도 교과서가 존재하지도 않는다.

어떤 노력이 필요한지, 어떤 방향으로 해야 하는지

얼마나 해야 하는지는 오직 자신이 결정해야 한다.

그 과정에서 당신은

불확실한 방향을 두려워하지 않고

불확실한 결과에 흔들리지 않아야 한다.

**둘째, 자신의 천성과 투자 수단이 잘 맞는지
확인하길 바란다.**

아는 사람이 그동안 운영했던 가게를 정리하기로 결정한 후

나를 찾아온 일이 있다.

그 사람은 오랜 시간 시행착오 끝에 지금의 가게를 만들었다.

가게가 안정되기까지 십수 년이 걸렸고

그동안 다양한 경제 악재를 버티고 버텨 여기까지 왔다.

가게의 순수익은 달에 수천만 원을 찍었고

이미 유명할 대로 유명해져 큰 변수가 없는 이상

향후 최소 십 년간의 수입이 보장된 가게였다.

그런 가게를 1년 정도의 권리금만 받고 정리하겠다고 하니

너무나 아쉬워 물어보았다.

"사장님, 그 금액을 받고 정리하기에는 너무 아쉽지 않은가요?"

그 사장이 대답했다.

"대표님, 내 나이가 이제 쉰다섯입니다.

이제 저도 제 삶을 좀 살아야지요.

그리고 무엇보다 매일 손님들 상대하며 치이는 것

더는 못하겠습니다.

익숙해질 줄 알았는데, 그건 절대로 익숙해지지 않더라고요.

여기서 정리하는 게 맞다고 생각합니다."

이 대화로 나는 중요한 사실 한 가지를 알게 되었다.


**투자는 천성과 맞닿아 있어야 한다는 사실이다.**

투자의 끈을 놓지 않고
초고수의 반열로 들어서기 위해 노력하는 사람들은
자기가 선택한 투자 수단이 요구하는 것을
기꺼이 감내할 만한 천성을 가지고 있었다.

초고수 부동산 투자자는
바깥 활동을 감내할 수 있는 천성을 가지고 있었다.
그래서 매일 전국을 누비는
떠돌이 생활을 인내할 수 있었다.

초고수 창업 투자자는
사람들을 만나며 부딪치는 것을 감내할 수 있는 천성이 있었다.
수많은 손님의 다양한 요구에 즉각적으로 반응하는 데
스트레스를 덜 느끼는 것이었다.

전업 투자자인 나는
한 자리에서 오랫동안 엉덩이를 붙이고 차트를 분석하는 것을
남들보다 잘하는 것 같다.
그것이 내 천성이다.

바깥을 돌아다니며 떠돌이 생활을 하는 것이
수천 명 손님들의 컴플레인을 마주하는 것이
온종일 책상에 붙어 있는 것이
좋은 사람은 세상에 없을 것이다.
다만 싫지는 않을 뿐이다.

싫지 않기 때문에 버틸 수 있고
버틸 수 있기 때문에 올라갈 수 있다.
버틸 수 있기 때문에
지금도 그 일을 할 수 있는 것이다.

초고수 투자자가 되려 한다면
지금 자신이 선택한 투자 수단과
자신의 천성을 냉정하게 비교해봐야 한다.
천성이 거부하는 일을 평생 할 순 없는 노릇이다.
돈이 급할 때는 가능하다.
돈 버는 것이 큰 행복일 때도 가능하다.
하지만 수익의 크기가 어느 정도 쌓이면
그래서 돈을 벌어도 예전처럼 행복하지 않으면
자기 천성에 맞지 않는 투자 수단으로 투자할 수 없게 된다.

**셋째, 어쩔 수 없는 것도 있음을 인정하길 바란다.**

초고수가 되기 위한 길에는

너무나 많은 변수가 있다.

시대적 상황이 변수가 될 수도 있고

정치적 상황이 변수가 될 수도 있다.

그것들을 감안하고도 수익을 낼 수 있는 투자 방식은

3단계에서 이미 끝났다.


더 높은 수익을 얻고

100억 원대, 1000억 원대의 자금을 굴리는

투자자 반열에 오르기 위해서는

하늘이 도와주는 기회도 있어야 한다.


마이클 조던이 농구로 큰돈을 벌 수 있었던 것은

농구에 막대한 가치를 부여했던 시대였기 때문이다.

그렇지 않았다면 그가 한 행동은 한낱 공놀이에 불과하다.

워런 버핏 역시 이 점을 인정했다.

"미국인으로 태어나

이처럼 투자하기 좋은 환경에 살았던 것은 축복이었다."

그의 말처럼, 초고수 투자자가 되기 위해서는

상황의 힘도 필요하다.

그 시기가 오지 않을 수도 있으니 기다릴 줄도 알아야 한다.


노력만으로 따라잡을 수 없는 천재를 만나서 좌절할 수도 있다.

주식 투자에 대해선 누구보다 열심히 걸어왔음을 자부하는

내가 보기에도 감탄이 절로 나오는 투자자가 있다.

그를 직접 본 일이 없기에 이름을 밝힐 순 없지만

그가 공개한 매매 일지만 보더라도

직관력과 통찰력이 얼마나 대단한지 한눈에 알 수 있다.

동시에

내가 아무리 노력하고 공부한들

그런 직관력과 통찰력을 가질 수 있을지 의문도 든다.

하지만 그 사람을 보며 좌절하진 않았다.

나는 왜 그렇게 되지 못하는지 한탄하지도 않았다.


다만

나에게는 나만의 방식이 있을 것이라고

나에게는 나만의 색깔이 있을 것이라고

아직 내가 발견하지 못했던

나만의 필살기도 분명 있을 것이라고

그런 믿음을 가지고 걸어왔다.

당신 역시 마찬가지이다.
당신은 제갈량이 아닐지도 모른다.
당신은 모차르트가 아닐지도 모른다.

비록 당신이 주유라하더라도
비록 당신이 살리에리라 하더라도
자신을 낳은 후 왜 제갈량도 낳았냐고
세상을 한탄하며 죽어간 주유의 어리석음을
평생 모차르트를 시기하며 살아서
'살리에리 증후군'이라는 용어를 남긴
살리에리의 어리석음은 닮지 않길 바란다.

**당신은 그저, 당신이면 된다.**
**당신 힘으로 도저히 어찌할 수 없는 변수에**
**일희일비하지 않고**
**평정심을 가지고**
**한 걸음 한 걸음 나아갈 수 있길 바란다.**

**네 번째, 모든 것을 걸지는 않길 바란다.**

나도 아직 초고수 투자자로 거듭나진 않았다.

그 과정을 밟고 있으며

성공하기 위해 최선을 다하겠지만

절대로 모든 자본을 쏟아 투자하는 일은 없을 것이다.

얼마든지 실수할 수 있고

얼마든지 부러질 수 있음을 나는 알고 있다.


그래서 실수를 하더라도

최악의 상황을 만나 큰 손실을 보더라도

처음부터 다시 시작하는 일만은 없도록

최소한의 자금은 확보하고 있다.

최소한의 자금이란

당장 은퇴를 하더라도 삶에 무리가 없을 수준의 금액이다.


돌아올 힘을 남겨두지 않았기에

더 나아갈 수 있다는 말에도 공감은 하지만

돌아올 힘이 남아 있기에

가시밭길이 조금은 편안한 것도 사실이다.

예전에 2회 연속 올림픽 은메달을 목에 걸었던
유도 선수가 한 인터뷰를 본 적이 있다.
눈물을 흘리며, 떨리는 목소리로
그는 이렇게 이야기했다.

"진짜 노력했는데, 할 수 있는 최선을 다했는데,
저는 여기까지인 것 같습니다.
하늘이 딱 여기까지만 허락한 것 같습니다."

나도, 그리고 당신도
초고수 투자자가 되지 못할 수도 있다.
그렇게 되면 많이 아쉽겠지만
눈물이 나겠지만
그런 상황이 왔을 때, 최소한의 자금을 확보해두었다면
아무것도 가지지 못한 처음으로 돌아가는 것만은
충분히 막을 수 있고
모든 걸 잃었을 때 느낄 허무함을 막을 수 있다.

그러니 늘 최악의 상황을 고려해
완전히 무너지지 않을 최소한의 자금은 확보해두길 바란다.

지금까지 말한 나의 당부를 요약하면 다음과 같다.

더 노력하여 자신의 길을 걸어가기를
천성이 허락한 일이기를
어쩔 수 없음을 인정하기를
어쩔 수 없을 때를 대비하기를

그리고 언젠가는
최정상에서 당신을 마주하길 바란다.

# 서점의 함정

사람들이 투자 공부를 시작하기 위해
가장 처음 선택하는 방법은 책이다.
물론 아주 좋은 방법이지만
이때 많은 사람들이 함정에 빠지기도 한다.
이게 무슨 소리냐고?
지금부터 자세히 살펴보자.

2018년도에 내가 가장 많이 한 것은
암호화폐(비트코인)와 관련된 투자 상담이었다.

큰 손실을 본
투자자들의 공통적인 특징이 있으니
바로 서점에서 책을 보고
암호화폐 투자를 시작하게 되었다는 것이다.

평소 연락이 뜸했던 내 친구 역시 이 함정에 빠졌다.
월급만으로는 행복한 생활을 할 수 없다고 판단해
투자 공부를 시작한 이 친구는
집 근처 대형 서점에 갔다고 한다.
보통 서점에 방문하면 투자와 관련된 책을
따로 모아놓은 진열 매대가 있다.
보통 그곳 상단에 진열된 책들이 이슈가 되거나
이제 막 출시된 책들로 구성된 경우가 많다.

다음 페이지의 사진을 보자.
한눈에 봐도 어떤 책들이 많은가?
암호화폐와 그와 연관된 블록체인,
4차 산업혁명에 관련된 책이 주를 이룬다.
이 친구 역시 2018년도 초
이 매대에서 암호화폐 책을 선택하였고

2018년 초 대형서점에서 촬영한 사진이다.

실제로 투자도 하게 되었다.
결과는 어떻게 되었을까?
엄청난 손실을 보게 되었다.

암호화폐 시장이 그 이후 엄청나게 무너졌기 때문이다.
서점과 암호화폐 시장의 폭락이 무슨 상관일까?

생각을 더 이어나가보자.

투자와 관련된 책을 쓰기 위해서 작가는 무엇을 하였을까?

책에 담긴 투자물에 직접 투자를 했을 가능성이 높다.

그리고 그것이 성공으로 이어져,

'나는 어디에 투자하여 돈을 어떻게 벌었다'는 경험을 근거로

책을 출판하게 된다.

갑자기 그게 무슨 상관이냐고?

이는 아주 중요하다.

여러 명의 작가가 동일한 투자물로 많은 돈을 벌어서 책을 썼다면

그 투자물이 속해 있는 시장 가격도 올랐을 확률이 높다.

그렇다면 돈을 번 작가가 쓴 책이 출판되는 시점이면

그 책에 담긴 투자물은 고점일 가능성이 크다.

그때 투자 고수들은 투자물을 팔고


그 책을 읽은 대중들은

뒤늦게 고점에서 투자를 시작하게 된다.


암호화폐로 많은 돈을 벌었다는 사람들이 낸

책들의 출판일을 확인해보면

대부분 2017년 중후반 혹은 2018년 초반인 경우가 많다.

부동산 관련 서적도 마찬가지다.

2006~2007년까지는 부동산 시장이 아주 좋았다.

그로 인해 많은 부동산 관련 책이 출판되었고

많은 사람들이 부동산 시장에 관심을 뒀다.

그러나 결국 2008년 미국의 서브프라임 금융 위기로 인해

부동산 시장은 폭락하게 되었고

2013년까지 무려 5년간

대중은 부동산 시장에 관심을 두지 않았다.


그러다 2016년도를 기점으로 부동산 가격이 오르자

다시 관련 책들이 점차 재테크 매대를 차지하기 시작하고

이로 인해 대중이 다시 부동산으로 관심을 쏟았다.

최근 이슈가 되었던 부동산 관련 책들의 출간일을 확인해보자.

대부분 2016~2017년도가 아닌가?

특히 2017년도 중후반에는

아파트 갭 투자가 엄청난 이슈를 몰고 와

각 서점의 재테크 매대를 장식했다.

내가 온라인 서점이 아닌 오프라인 서점을 방문하여

분기에 한 번씩

책을 사는 이유도 바로 여기에 있다.

지금 어떤 시장이 고점을 맞은 것인지

지금 어떤 시장이 위험한 것인지 판단하기 위해서다.

내가 2017년 중반 이후부터 아파트 갭 투자의 위험성을 강조하고

2018년 초반부터 암호화폐의 위험성을 강조할 수 있었던 건

뛰어난 분석력과 엄청난 지식을 바탕으로 한 것이 아니다.

그저 이런 간단한 생각의 정리로 가능했던 것이다.

그래서 지금 투자 공부를 시작하겠다고 마음먹은 당신이라면

서점에 가서 책을 구매할 때 재테크 매대에 진열된

누워 있는 책에 담긴 투자물에 관심을 가지지 말아야 한다.

대신 남들이 쳐다보지도 않는 서가에 세워서 진열된

책에 담긴 투자물을 선택하여

관심을 가지고 투자를 해보는 것이 좋다.

그리고 마지막으로 투자물을 매도하는 팁을 하나 주겠다.

당신이 투자한 투자물이 담긴 책이

우후죽순으로 출간될 때 그때 매도하면 된다.

그때가 투자물의 고점이다.

Q&A

이럴 땐 어쩌죠?

**Q. 저는 많은 돈이 없고, 많은 돈을 모을 수 있는 환경도 아닙니다.
어떻게 해야 할까요?**

A. 그동안 상담하면서 가장 많이 들었던 질문 중 하나가 바로 이
질문입니다. 이 질문을 하시는 분들은 크게 딱 두 가지 유형입니다.

1. 부족한 환경이 없었던 사람
2. 부족한 환경으로 지금까지 살아왔던 사람
두 분류의 사람들 모두 사실 돈을 위해 공부하고

자신을 위해 몰입해서 시간을 쓰고 살아본 적이 없었던 분들입니다.

그랬기 때문에 몰라서 나오는 질문이고,

바뀌지 않아서 나오는 질문입니다.

이 책의 제목처럼 돈 공부를 처음 하는 분들이죠.


이런 분들이 살아온 지금까지의 삶을 부정하며

잘 살지 못했다는 이야기는 절대 아닙니다.

중요한 것은 딱 한 가지입니다.

'지금부터 바뀔 의지가 있는가?'


저는 사실 방금 여러분들이 읽었던

4장에 이 방법을 다 담았습니다. 살펴볼까요?


### 1. 모으고, 배우고, 느껴라

1천 원이라도, 1만 원이라도 모을 수 있는 사람이 되어야 합니다.

모은 돈으로 자신을 발전시키면 됩니다.

한 달에 1만 원이라도 모은다면 그 돈으로 책을 읽으면 됩니다.

한 분야의 책 30권을 읽으세요.

그럼 뭘 해야 하는지 알게 됩니다.

모든 일에는 순서가 있고 돈을 배우기 위해서

가장 좋은 첫 번째 순서는 바로 책을 읽는 것입니다.

그러나 대부분은 첫 번째 순서조차 하지 않습니다.

그러니 2~3년쯤 지나 다시 같은 질문을 하게 됩니다.


**우선 1만 원이라도 더 모으고,**

**그 돈으로 배움을 청하고, 많은 생각을 해야 합니다.**


## 2. 무작정이 3퍼센트의 삶을 만든다.

저는 다독을 찬양하는 사람이 절대 아닙니다.

다독을 추천하지도 않습니다.

제가 가장 좋아하는 것은 다독보단 1독 1행입니다.

실행하는 게 가장 중요하다고 생각하죠.

그럼 실행을 잘하는 방법은 무엇일까요?

제게 가장 효과가 좋았던 것은 두 가지였습니다.


**첫 번째, 단기간의 다독**

**두 번째, 글쓰기**


결국, 다독도 실행하기 위한 발판인 것이죠.

그럼 다독은 어떻게 해야 할까요?

최소 3개월 안에
**30권의 책을 읽는 것입니다.**

"어떻게 한 달에 10권을 읽고 일주일에 2~3권을 읽나요?"
이런 질문을 하는 사람은 책 읽기를
시도도 해보지 않았을 확률이 높습니다.
같은 분야의 책을 읽으면
읽는 속도가 두 배씩 빨라집니다.
**한 분야에서의 원리는 같고 그 원리 속에서**
**작가의 방법만이 서로 다르기 때문입니다.**
즉 3권만 읽어도 공통적인 원리를 알게 되고(원리)
5권을 읽으면 책의 50퍼센트는 이미 알고 있는 내용이기 때문에
읽기 어렵지 않습니다.

많은 양의 지식이 들어오는 시점이 지나면
다음으로 자기 생각을 정리해야 합니다.
글쓰기를 통해서 말이죠.
많은 사람이 머릿속으로만 생각합니다.
정말 최악의 방법입니다.

만약 한 번도 가보지 못한 나라에

휴대폰도, 노트북도 없이 여행을 간다고 칩시다.

지도 없이 여행하며 시간을 보내는 것

지도를 보며 여행하며 시간을 보내는 것

무엇을 선택할까요? 당연히 후자를 선택하겠지요.


지도 없이 여행하는 것처럼 사는 사람

지도 보며 여행하는 것처럼 사는 사람

그게 글쓰기를 해본 사람과 해보지 않은 사람의 차이점입니다.


어떤 가치를 만들고 어떻게 활용할 것인지

스스로 고민하고 글로 써야 합니다.


자신만의 가치를 만들어 본 사람들을 찾아가서

그들의 경험과 지식을 습득하면 됩니다.

과거에는 그들을 쉽게 만날 수 없었습니다.

그러나 지금은 우리보다 한발 앞선 이를

주변에서 많이 발견할 수 있습니다.


이쯤 되면 이런 생각이 들 수 있습니다.

'과연 이 일이 큰 가치가 있고 나중에 나를 부자로 만들어 줄까?'
그런 고민은 접어 두시는 게 좋습니다.
어떤 분야든 연결과 확장을 할 수 있기 때문입니다.


이 책이 처음 나올 때쯤에 한 유튜버가 눈에 들어왔습니다.
돈을 절약하는 방법을 구체적으로 알려주는 유튜버였습니다.
전문가만 알 만한 대단한 지식을 알려주는 유튜버도 아녔습니다.
작은 공간을 촬영장으로 삼고
어떤 카드가 혜택이 좋은지,
어떤 저축을 해야 하는지,
어떤 소비를 해야 하는지
자신의 경험담을 들려주는 유튜버였습니다.
당시에 구독자가 1만 명도 되지 않았습니다만
지금은 50만 명이 넘는 구독자를 가진
멋진 재테크 유튜버가 되었습니다.


절약해서 얻을 수 있는 돈은
자신의 수입을 넘어서지 못하기 때문에 한계가 있고
일반적인 가정에서는
평균 10~20만 원 정도 절약하는 게 최대치입니다.

그럼 이 절약 방법의 가치는 10~20만 원일까요?

아닙니다.
절약하는 방법을 다른 사람에게 가르친다면
수입의 한계는 없어집니다.
시장이 주는 가난한 자의 돈에서
자신이 만드는 부자의 돈으로 환산되는 것이지요.

여기서 중요한 것은 이 유튜버가 특별한 사람이 아니었다는 겁니다.
유튜브를 시작하기 전에도
유튜브를 시작한 후에도 말입니다.

그저 자기 생각을 정리하고, 공유하며, 실행했을 뿐입니다.
다만, 유튜브를 시작하기 전에는 부자가 될 수 없었지만
생각을 정리하고, 촬영하여, 공유하는 실행력 덕분에
유튜브를 시작한 후 부자가 될 수 있었습니다.

지금 여러분이 능력자라고 부러워하는 사람들도
결국, 평범한 '나'에서 시작했다는 사실을 꼭 기억하고
지금 나의 가치가 당장 돈이 되지 않더라도 개의치 말고

무작정 실행하시길 바랍니다.

실행하면 더 이상

"저는 많은 돈이 없고, 많은 돈을 모을 수 있는 환경도 아닙니다.

어떻게 해야 할까요?"

라는 질문이 나오지 않습니다.


행동하지 않는 변명을 찾지 말고

실행하며 나오는 질문으로 삶을 채워가길 바랍니다.


질문은 그 사람이 어제까지 한 행동을 말해주는 가장 확실한 증거입니다.

그렇기에 자신의 질문을 바꿀 힘은

결국, 자기 행동밖에 없음을 명심하세요.

명심했다면 행동하세요.

내일부터도 아니고 오늘 저녁부터도 아닙니다.

바로 지금부터입니다.



Q. 2018년도에 쓰인 책이라 믿기지 않을 만큼

과거가 아닌 미래를 생각하는 책이라는 생각이 듭니다.

특히 주식은 차치하더라도 부동산과 관련되어서는

**대표님의 통찰이 너무 신기할 정도로 동일하게 이뤄졌다고 생각합니다.**

**그럴 수 있는 이유가 무엇일까요?**


A. 우선 한가지 말씀드리고 싶은 것은

저는 주식 투자자로 저를 소개한 적이 단 한 번도 없습니다.

단지 제 꿈을 이루기 위해서는 주식도 할 수 있어야 했기에

주식 투자의 결과가 먼저 이슈가 된 것입니다.


저는 부동산에서 6년간 일을 했습니다.

상승장도, 하락장도 이미 15년 전에 경험했지요.

그래서 부동산의 사이클을 이해하고 있고

실제로 부동산 투자를 해서 꽤 많은 수익을 냈습니다.

부동산 투자도 결국 돈을 상식적으로

생각하고 원리를 이해하면 어렵지 않습니다.


그럼 그 원리는 무엇일까요?

바로 영원히 상승하는 투자물도, 영원히 하락하는 투자물도 없다는

단순한 생각에서 시작하여 기준과 방법을 구체화하면 됩니다.


책에서 소개한 대통령 투자법은

실제로 이 방법으로 수백억 원을 번 한 사람의 투자 방법입니다.

당연히 그분께 허락을 구하고 방법을 책에 담았습니다.

지금도 대한민국에서 굳건히 집값을 지키고 있는 곳이

'용산'이라는 것을 보면

이 방법이 얼마나 믿을만한지 알 수 있습니다.

당시에는 가장 강한 곳을 아는 방법을 소개했고,

마켓 타이밍(Market Timing)은 담지 않았습니다.


"마켓 타이밍은 언제가 될까요?"

"지수의 반토막 전략처럼 뭔가 없을까요?"

라는 질문을 많이 받았습니다.

이에 대한 답변을 드리려고 합니다.


우선 부동산 시장 사이클의 원리를 이해하는 게 중요합니다.

부동산은 환금성 때문에 비교적 사이클이 길게 유지됩니다.

즉 대세 상승장이 시작되면 5~10년 상승이 이어지고

반대로 대세 하락장이 시작되면

5~10년 하락과 정체가 이어집니다.


**이때 여러분들이 주의 깊게 봐야 하는 것은**

**탐욕과 공포의 구간입니다.**

이 구간을 구체적으로 보려면 기준이 있어야 합니다.

제게 기준은 지금이 어떤 구간인지 인지할 수 있는

가장 빠른 지표라 생각하시면 됩니다.

제 기준은

주식은 코스피 지수

코인은 비트코인

부동산은 대장주 아파트입니다.


그래서 부동산을 정확하게 이해하기 위해서는

각 지역의 대장주 아파트의 변동된 가격을 미리 알고 있어야 합니다.

조금 더 구체적으로 이야기하면

내가 사는 도시에서 가장 비싼 아파트 가격을 알아야 합니다.


제가 사이클을 이해하는 관점은 크게 두 가지입니다.

첫 번째는 가격과 두 번째는 상황입니다.


부동산 사이클을 가격 측면에서 보면

천천히 오르던 가격이

탐욕의 구간이 되면 급격히 오르고

잠깐의 정체기를 거쳤다가

공포의 구간이 되면 급격히 내리고

환금성 때문에 하락한 가격으로 비교적 오래 유지가 됩니다.


상황적 측면에서 보면

상승장에서는

상승 초기~중기에는 청약이 가장 뜨겁게 떠오르고

상승장 마지막에는 갭(GAP) 투자가 떠오릅니다.


반대로 하락장에선

갭 투자를 했던 사람들의 물량이 나오면서

경매가 가장 뜨겁게 떠오르고

하락장 마지막에는 미분양 사태가 나타나며

'할인 분양 결사반대'라는 현수막이 아파트에 걸리며

가격대를 유지하게 됩니다.


여기까지 과거 19년 전 시작하여 10년간

제가 공부하며 투자했던 부동산 투자의 기준입니다.

간단하죠? 공부하면 세상에서 가장 쉬운 원리와 기준이고

공부하기 전에는 죽을 때까지 몰랐을 기준입니다.

이제 여러분들이 해야 하는 일은 무엇일까요?

책을 읽었고 기준을 배웠으니 진짜 그런지

찾아보고 검증하며 생각을 정리하는 것입니다.


상승장 중기 2017~2019년도의 출판 시장의 흐름을 살펴보면

경제경영 분야 책 중에서 청약 관련 책이 압도적으로 많고

2019~2021년도에는 갭 투자 관련 책이 많습니다.

그리고 지금은 경매 책과 강연이 유행이죠.


이 사이클만 이해한다면

지금 부동산이 상승장과 하락장 사이 어디에 있고

앞으로 어디로 갈 건지 유추할 수 있습니다.

그걸 스스로 생각해 내고

자신의 경험으로 확신할 수 있다면

유행에 휘둘리지 않고

유행을 활용할 수 있습니다.


반대로 사이클을 이해하지 못하면

유행에 휘둘리며 큰 손실을 볼 수 있습니다.

세상 모든 투자물에는 사이클이 존재하고

사이클을 이해하기 위해 지식을 더하면

돈을 공부하는 건 어려운 일이 아니고

오히려 단순한 원리로 돌아가는 일임을

스스로 깨닫게 되실 것입니다.

ETC

# 이 책을 읽은 시간도 투자였으니,
# 그만큼을 돌려주는 이야기

돈 공부를 하며 돈을 불린 시간이 벌써 20여 년이 되었다. 그리고

지난 20년간 내 인생에는

세 번의 좋은 기회가 있었다.

첫 번째 기회는 1997~1998년에 IMF로 찾아왔고

두 번째 기회는 2001년에 IT버블로 찾아왔으며

세 번째 기회는 2008년에 서브프라임 금융위기로 찾아왔다.

이 기회는 나에게만 찾아온 게 아니라

대한민국에 사는 모든 이에게 찾아왔다.


그렇지만 대부분이 기회를 제대로 활용하지 못했는데

바로 '위기'라는 이름으로 우리를 찾아왔기 때문이다.

위기가 곧 기회라는 말은 주식뿐 아니라

투자에 관련된 책에서 자주 언급된다.

과거에는 이런 말을 볼 때마다

흔하디흔한 이야기라며 지나쳤다.

'흔한 이야기로 돈을 벌 수 없다'는 생각이 들었다.

그러나 그것은 아주 큰 착각이었다.

이 이야기가 투자의 전부라는 것을 깨닫고 나서야

나는 3퍼센트의 사람이 되었다.

이 말을 제대로 안 후에야 투자를 제대로 이해할 수 있었다.


'위기가 곧 기회'라는 말을 함께 알아보자.

'위기 = 기회'라는 공식을 사용하기 위해서는

우선 '위기'라는 단어를 이해해야 한다.

위기를 알아야 기회를 잡을 수 있기 때문이다.

투자에서 위기는 무엇일까?

'위기는 위험의 결괏값'이다.

위기(Crisis)는 어떤 안정된 상태에서 위급한 상황 또는

위험한 경우를 의미하거나 부정적으로 영향을 주는

정세의 급박한 변화를 뜻하기도 한다.

위험(Risk)은 '위험(Danger)'에서 파생된 의미로

미래의 불확실성에서 오는 경제적 손실이나

자산적 손실을 의미한다.

위험이 가지고 있는 미래에 대한 불확실성으로 인해 부정적인

결론이 나오면 위기가 찾아오는 것이다.

즉 위험이 선행 지표고 위기가 그로 인한 결과다.

위기를 이야기하기 전에 위험이 무엇인지 알아야 한다.

첫 번째는 시장이 주는 위험이다.

두 번째는 투자물이 주는 위험이다.


몇 가지 예를 들어 설명해보자.

전국 부동산 시장이 하락하여 아파트값이 떨어졌다면 이것은

시장이 주는 위험이다.

부실 공사를 한 사실이 밝혀져

아무도 아파트를 구매하지 않아 아파트값이 떨어졌다면 이것은

투자물이 주는 위험이다.

경기가 하락하여 외식하는 사람이 줄어들어

가게의 매출이 떨어지면 시장이 주는 위험이며,

가게 종업원이 불친절하다는 평가를 받아 매출이 떨어지면

투자물이 주는 위험이다.

이제 당신도 이해되었는가?

외부적인 요인으로 발생하는 위험이 시장이 주는 위험이고

내가 가지고 있는 혹은 내가 투자하고 있는 투자물 자체에

발생하는 위험이 바로 투자물이 주는 위험이다.

투자에서 위험은 반드시 따라오는데,

당신은 어떤 위험을 감수하고 어떤 위험을 피해야 할까?

시장이 주는 위험을 감수하고

투자물이 주는 위험을 피해야 한다.

시장이 주는 위험으로 투자물의 가격이 하락하면

다시 회복할 수 있지만,

투자물 자체가 주는 위험으로 투자물 가격이 하락하면

회복할 수 없기 때문이다.


생각해보자.

가치가 100인 투자물이 시장의 하락으로

70까지 내려갔다면

그 투자물의 가치는 다시 100으로 올라올 수 있다.

그러나 투자물 자체의 문제로 가치가 70으로 확정된다면

그 투자물의 가치는 70이지, 100이 아니다.

'위기가 곧 기회'라며 어설프게 뛰어들었다가

큰 손실을 보는 경우는

대부분 위기를 만드는 위험에 대한 분석이

제대로 이뤄지지 않아서다.


예를 들어 A라는 바이오 회사가

경영진 횡령 배임, 분식 회계 뉴스가 나오며

A회사의 주식 가격이 폭락했다.

이때 A회사 주식 가격이 폭락했다는 이유로

'위기가 왔으니 기회로 활용해야지'라며

A회사 주식을 산다면 당신은 어리석은 투자자다.

이때 시장과 투자물의 위기를 이해한 투자자라면

이런 생각을 해야 한다.

'A회사의 주가가 폭락하면

B, C, D, E 등의 다른 바이오 회사에도

피해가 갈 수 있겠구나.

왜냐하면 A회사는 큰 회사이고

같은 업종의 주식들은 서로 영향을 미치니까.

그렇다면 나는 그중에 가장 안전하다고 생각하는

다른 바이오 회사의 주식을 매수해야겠다.'

이때 발생한 두 가지 위험은

바이오 회사가 가지고 있는 시장의 위험과

A회사가 가지고 있는 투자물의 위험이다.

A회사의 주식을 구입하면

투자물이 주는 위험을 매수한 것이고

다른 우량한 회사의 주식을 구입하면

시장이 주는 위험을 매수한 것이다.

시장이 주는 위험을 잘 활용하면

당신도 위기를 기회로 활용할 수 있다.

실제 나는 이러한 방식의 투자를 자주 하는 편이며

최근에도 비교적 적은 위험을 감수하여 투자해

높은 수익을 냈다.


자, 이제 당신은 시장과 투자처의 위험을

어느 정도 구분할 줄 알게 되었다.

그렇다면 지금부터 궁금해야 할 것은 무엇인가?

시장이 주는 위험을 활용하기 위해서는

반드시 '시장'이 무엇인지 알아야 한다.

시장을 설명해보자.

앞선 예에서 A회사는

'바이오 회사'라는 시장에 속해 있었다.

그럼 바이오 회사라는 시장의 상위 개념은 뭘까?

바로 대한민국 주식 시장이다.

대한민국 주식 시장의 상위 개념은

대한민국의 경제 상황이고

대한민국 경제 상황의 상위 개념은 세계의 경제 상황이다.

그런데 여기에는 심각한 오류가 있다.

시장의 위험을 활용하자는 건

'시장이 주는 위험으로 투자물의 가격이 하락했을 때

매수하여 투자물의 가격이 정상가로 올라오면 매도하자'

는 말이다.

'시장이 주는 위험으로 투자물의 가격이 하락해야 한다'는

전제 요소가 반드시 필요한 것이다.

그럼 위의 말에 왜 심각한 오류가 있는 걸까?

대한민국 주식 시장의 상위 개념은

대한민국의 경제 상황이고

이 말은 대한민국 경제 상황이 안 좋아지면

대한민국 주식 시장에 영향을 미쳐야 한다는 소리다.

당신은 대한민국 경제 상황이 좋다는 이야기를

최근에 들어본 적이 있는가?

나는 대한민국 경제 상황,

즉 경기가 좋다는 얘기를 지난 10년간 들어본 적이 없다.

그런데도 주식 시장은 오히려 올랐다.

특히 2017년도에는

대부분 대한민국 경기가 최악이라고 체감했지만

코스피 지수는 무려 30퍼센트나 올랐고,

전국의 집값 역시 엄청나게 올랐다.

즉 상위 개념의 시장이 있다고 하여도

그것이 꼭 하위 시장에 영향을 미치지 않는다.

이 사실을 알게 된 후

나는 하위 개념의 시장에 영향을 미치지 못하는 시장은

상위 개념의 시장으로 보지 않았다.

그리고 투자에서 상위 개념의 시장은

반드시 하위 시장에 영향력이 있어야 한다는

전제 조건을 걸게 되었다.


그렇다면 시장에 영향을 미치는 최상위 시장은 무엇일까?

내 투자 수단은 주식이었기에 주식의 상위 개념을 고민했다.

개별 주식 종목의 상위 개념은 코스피 지수였다.

그렇다면 코스피 지수에 영향을 주는 상위 개념은 무엇일까?

많았다. 너무 많았다.

대북 관계에 문제가 생기면 늘 하락했고

또 관계가 회복되면 늘 상승했다.

미국 주식 시장이 폭락하면

한국의 코스피 지수도 역시 하락했다.

한때는 국제유가의 등락으로, 한때는 환율의 등락으로,

한때는 금리의 상승으로, 한때는 그리스 디폴트 사태로,

한때는 영국의 유럽연합 탈퇴 결정으로,

한때는 중국의 한류 억제 정책의 문제로,

한때는 미·중 무역 전쟁으로.

엄청나게 다양한 이유로 코스피 지수가 하락했다.


여기까지 생각을 마치니

앞서 언급했던 코스피 지수에 영향을 주는

수많은 상위 개념의 발생 이유와 발생 시기를

고민하는 것이 투자자가 해야 하는 일인지 고민하게 되었다.

그리고 아니라는 결론을 내렸다.

오히려 나는 그것을 깊게 공부하는 것을

멀리하라고 말하고 싶다.

나는 상위 개념의 발생 이유와 발생 시기를 예측하는 것은

전문가가 하는 일이고

투자자는 그저 그것을 듣고 이해하면 된다고 생각한다.

생각해보자.

유가에 대한 해박한 지식을 가진 박사라고 하여도

유가가 떨어지는 것을 막을 수 있나?

금리에 대해 잘 아는 전문가라고 해서

금리가 오르고 내리는 것을 막을 수 있나?

잘 안다고, 공부한다고 한들

그것의 움직임을 우리가 통제할 수 없다면

굳이 깊게 고민할 필요는 없다.

오히려 잘 안다는 착각 속에서

큰 손실을 불러오는 투자를 진행할 수도 있다.


과거 A라는 회사의 주식을

1주당 2,000원에 매수하여 보유하신 분이 계셨다.

이분은 1,500원일 때도 매수했고,

1,200원이 되었을 때도 매수했고,

800원이 되었을 때도 매수했고,

500원이 되었을 때도 매수했다.

결국 이분은 그 회사 주식이

모두 휴지조각이 될 때까지 사 모았다.

그리고 파산했다.

흥미로운 사실은 이분이 내가 아는 모든 사람 중에서

A회사를 가장 잘 알았던 사람이었다.

자신이 심지어 대표이사와의 만남도 해봤다며

자신이 주식을 보유하고 있던 A회사의 전망에

엄청나게 집착을 하였다.

왜 그랬을까?

회사에 대한 공부를 너무 많이 해서라고 생각한다.

회사를 잘 알면, 집착하게 되고

그 과정에서 큰 착각을 해도

큰 손해를 본 후에야 깨닫게 된다.

나도 이러한 과정을 수도 없이 경험했고

지금도 같은 실수를 하기도 한다.

잘 안다는 자만심이 때로는 큰 위험을 불러온다.


그렇다면 공부 말고 우리는 무엇을 해야 할까?

대응이다.

중요한 것은 예상치 못한 위험이 왔을 때

우리가 무엇을 해야 하는지,

어떻게 대처해야 하는지에 집중하는 것이다.

예를 들어 대북 관계가 좋지 못해서,

북한의 도발로 인해 코스피 시장이 폭락했다면

'왜 북한이 이 타이밍에 도발했을까?'

와 같은 생각을 하지 말고,

'지금 내가 어디에 어떻게 투자하여 대응하지?'

와 같은 생각을 해야 한다.

즉 나만의 투자 시나리오를 만들어야 한다.

그리고 그 시나리오를 구체화하고 실현할 수 있게 만들어주는

것이 수치화된 기준이다.


**대응 〉 시나리오 〉 수치화된 기준**


가장 큰 영역인 대응 안에 시나리오가 수립되어야 하며 그것을

실행할 수 있도록 수치화된 기준이 필요하다.

이는 주식 투자가 아닌 다른 곳에서도 많이 활용되니

개념을 확실하게 이해하는 것이 중요하다.

지금까지 배운 것을 토대로 예를 들어 설명해보자.


**북한이 도발했다. (코스피 시장에 영향을 미치는 시장의 위험 출현)**

**왜 북한이 도발했을까? (전문가가 하는 행동)**

나는 어떻게 할 것인가를 고민. (투자자가 하는 행동)

주식 투자를 하겠다. (시나리오 수립)

어느 종목에 어떻게 투자할 것이다. (수치화된 기준 수립)


그리고 주식 투자에서 기준을 설정하는 방법은 다음과 같다.


**어떤 종목을 살 것인지 기준을 정한다.**

나는 1,000억 이상의 시가총액을 가진 주식만 사겠다.

나는 -10퍼센트 이상 빠진 주식을 사겠다.

나는 시장의 하락에도 불구하고

+퍼센트로 오르고 있는 주식을 사겠다.


**선택한 종목을 얼마나 살 것인지 기준을 정한다.**

내 자산의 10퍼센트를 사겠다.

내 자산의 5퍼센트를 지금 사고

나중에 5퍼센트를 더 사겠다.

내 주식 계좌에 들어있는 자금의 10퍼센트를 사겠다.


**얼마나 살 것인지 정하면**

얼마에 어떻게 살 것인지 기준을 정한다.

-5퍼센트가 되면 사겠다.

-10퍼센트가 되면 사겠다.

+3퍼센트가 되면 사겠다.

당일 시작하는 가격에 사겠다.

한 번에 사겠다. 혹은 두 번에 나눠서 사겠다.

내가 만들어둔 기준이 되는 선에 오면 사겠다.


얼마에 살 것인지 가격이 정해지면

얼마에 어떻게 팔 것인지 기준을 정한다.

수익이 +5퍼센트가 나면 팔겠다.

수익이 두 배가 나면 팔겠다.

손해가 나면 팔지 않겠다.

수익이 +10퍼센트. 손해는 -5퍼센트가 되면 팔겠다.

수익이 +10퍼센트에 반을 팔고

남은 반은 +15퍼센트까지 보겠다.

등의 기준을 수립하고

얼마에 어떻게 팔 것인지 매도 가격을 선택하는 것이다.


위처럼 시나리오를 구체화하는 데는

반드시 기준이 필요하며 그 기준은 반드시 수치화해야 한다.

수치화하지 못한 기준은 대부분 실행하지 못한다.

가격이 하락하면 사야지. (대응)

이 정도 하락하면 사야지. (시나리오 구축)

이 정도의 대응을 생각하면

막상 본인이 생각한 가격이 오더라도

'이 정도만 더 빠지면 사야지.',

'조금만 더 빠지면 사야지.'라는 생각만 하다가

결국 사지도 못하고 가격이 올라가 버리는 경우가 많다.

그럼 수익도 경험도 놓치게 된다.

반대로 손실이 발생해도

정확한 기준을 가지고 시나리오를 구축했던 사람은

그 손실이 다음 손실을 막아주는 경험을 하게 해준다.

손실은 적은 금액으로 할 수 있는 데까지

경험해 보는 게 좋다.

기준에 따른 매매를 계속하다 보면 경험이 쌓이고

돈을 버는 기준이 형성되면서 대응을 빠르고 쉽게 할 수 있다.

그래서 최고 경지에 오른 투자자들은 아주 단순한 방법으로

대충 매수와 매도를 하며 큰 수익을 낸다.

그 모습을 바라본 일반 사람들은 단순한 방법으로

자신도 수익을 낼 수 있다는 착각 속에서

투자를 배우고 시작하기에 실패하는 경우가 많다.

최고의 경지에 오른 그들은 그간

수천, 수만 번의 경험을 보유하고 만들어진

자신만의 대응 영역이

이제 감으로 축적된 것임을 잊지 말자.


이제 거의 다 왔으니 다시 이야기를 이어나가 보자.

위기가 곧 기회라는 단어를 활용하기 위해

우리는 이 파트를 시작했고, 지금까지 이어가고 있다.

위기를 활용하기 위해서 위기의 시장을 어디로 잡는가? 우리가

잡아야 할 시장의 조건은 크게 두 가지다.


1. 최대한 많은 투자물에 영향을 미쳐야 한다.

2. 기준을 설정할 수 있도록 수치화해야 한다.


내가 그간 오랫동안 공부를 하면서

위 두 가지 조건을 충족시키는

가장 큰 시장의 개념은 코스피 지수다.

그 이유를 지금부터 알아보자.

그리고 당연한 이야기지만 저 두 가지보다

더 중요한 내용이 하나 있다.

그것은 '시장의 위험을 내가 인지할 수 있는가'이다.

아무리 좋은 시장도 내가 그 시장의 하락을 알지 못하거나 아는

방법이 까다롭고 그 절차가 매우 힘들다면

투자 수단으로 가치가 없다.

우리는 즉각적으로 가급적 실시간으로

시장의 하락을 볼 수 있어야 한다.

코스피 지수는 약 5초 정도의 시간만 있다면

휴대폰으로 가격을 정확하게 알 수 있다.

또한 코스피 지수의 하락은

많은 개별 종목에 영향을 미치며,

소수점 두 자리까지도 정확하게 표시되기 때문에

기준을 만들 때 필요한 '수치'를 걱정할 필요가 없다.

끝으로 코스피 지수는 부동산에도 영향을 미친다.

대한민국 부동산 시장의 하락은

실제 코스피 지수 폭락의 영향을 받았던 것이고,

코스피 지수가 상승한 이후에

부동산 시장도 더디게 상승했다.

경제가 안 좋다는 말에는 부동산 시장이 움직이지 않았지만

코스피 지수 폭락 후에는 시간 차가 있긴 하지만

거의 매번 함께 하락했으니

그 지표가 얼추 맞다는 사실을 우리는 알 수 있다.

그렇다면 그 원리는 무엇일까?


금융시장과 실물경제의 시간적 차이 때문이라고 생각한다.

보통의 투자물의 하락은

위기가 감지되면 빠르고 깊게 진행된다.

위기가 감지되면 가장 먼저 쉽게 매도할 수 있는 것이

주식과 금융자산이다.

비교적 짧은 시간 안에 즉각적으로 대부분 처분된다.

그러나 부동산은 금액이 다른 투자물에 비해 높은 편이며

그래서 매수자를 기다리는 시간이 필요하다.

또한 위기가 진행 중일 때는

처음 팔겠다고 제시한 가격보다

실제로 거래할 때의 가격이 더 낮아서

매수자가 또 한 번의 고민을 하는 시간이 쓰이고

시간이 자꾸 뒤로 밀리면서 보유자가 매도까지의

현금 환금성이 떨어지게 된다.

결국 환금성의 차이가

투자물에 대한 가격의 시간 차이를 만들어내고

이는 금융자산이 실물자산보다 빠르게 반응하는 이유다.

주식 → 코스피 지수 → 부동산 → 경기 침체

의 순으로 하락기를 맞이하고

반대로 오를 때는

경기 침체 → 주식 → 코스피 지수 → 부동산 → 경기 호황

순으로 상승기를 맞이하게 되는 것이다.

위의 내용을 토대로 본다면 경기침체 이후

주식이 먼저 빠지는 걸 의아해하는 사람이 나올 수 있다.

그러나 개별 주식이 빠진다고

무작정 주식을 매수할 수 없는 이유는

기업이 가지고 있는 위험을

우리가 얻어갈 필요는 없다고 설명하였고,

시장의 위험에 대한 여파로

주식이 빠지는 것에 초점을 맞춘 분석이기 때문이다.


또한, 내가 투자한 종목이 빠진다고 하여

코스피 시장이 무너지는 경우는 거의 없고

코스피 지수가 무너져서

내가 투자한 종목이 빠지는 경우가 대부분이기에

상위 개념의 시장이 하위 개념의 시장 가격에

영향을 미친다는 정의에 따라

코스피 지수를 상위 개념의 시장으로 보는 것이 맞다.

자, 여기까지 내용을 한 문장으로 정리하자면 다음과 같다.

**위기가 곧 기회 = 코스피 지수의 하락으로 인한 기회를 잡자!**

이쯤 되면 이제 다음 고민이 무엇일까?

1. 코스피 지수가 얼마나 빠지면 위기로 인정할 것인가?

2. 그때 어떤 종목을 얼마만큼 언제 사야 하는가?

3. 매수한 종목을 얼마만큼 언제 팔아야 하는가?

딱 이것만 해결하면 되었다.

그럼 이제 다음 페이지의 그림을 통해서

과거부터 지금까지 코스피 지수 흐름을 보여주겠다.

눈치가 빠른 사람들은 그림을 보고 '아!' 할 수 있다.

당신의 통찰력을 기대해 본다.

지금의 가격을 보았을 때

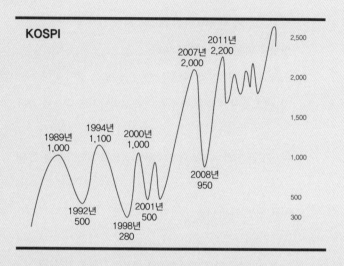

당신은 어디서 사고 어디서 파는 게

가장 현명하다고 생각하는가?

당연히 당신은 1992년 500에서, 1998년 280에서,

2001년 500에서, 2008년 950에서 사고 싶을 것이다.

그럼 저 가격에 살 수 있는 이유를 기준으로 만들어보자.

각 하락점의 공통적인 특징은

직전 고점대비 -50퍼센트 이상 하락했다는 것이다.

1989년 코스피 지수는 1,000이었다.

그럼 -50퍼센트는 500이다.

우리는 그때부터 위기로 인지하면 된다.

1994년 코스피 지수는 1,100이었다.

그럼 -50퍼센트는 550이다.

우리는 그때부터 위기로 인지하면 된다.

2000년 코스피 지수는 1,000이었다.

그럼 -50퍼센트는 500이다.

우리는 그때부터 위기로 인지하면 된다.

2007년 코스피 지수는 2,000이었다.

그럼 -50퍼센트는 1,000이다.

우리는 그때부터 위기로 인지하면 된다.

어떤가, 우연이라고 생각하는가?

단 한 번 IMF때의 -75퍼센트를 제외하고는

(물론 -50퍼센트에서부터 분할 매수 한다면 충분한 수익을 가지고

온다.)

-50퍼센트 부근에서

대부분 반등하는 모습을 볼 수 있다.

두 번째 하락하기 전에 늘 급등이 나왔다는 것이다.

급등하는 시점의 끝에는

늘 97퍼센트의 대중들이 자리할 것이며

이때는 너도나도 주식을 하겠다며 나서기 시작한다.

그렇기에 많은 투자 현인이 얘기하듯

비관론이 최고조에 달했을 때가 매수의 최적기이며,

낙관론이 최고조에 달했을 때가 매도의 최적기다.

그렇다면 정리해보자.


**1. 코스피 지수가 얼마나 빠지면 위기로 인정할 것인가?**


코스피 지수가 -50퍼센트 이상 빠지는 순간부터

위기로 인정하면 된다.

이제 우리가 해결해야 하는 문제는 두 개가 남았다.


**2. 그때 어떤 종목을 얼마만큼 언제 사야 하는가?**

**3. 매수한 종목을 얼마만큼 언제 팔아야 하는가?**


-50퍼센트 코스피 지수가 빠지면

어떤 종목을 얼마만큼 어떻게 사고, 파는지에 대한 문제다.

우선 내가 지금까지 만든 기준은 다음과 같다.

-50퍼센트 이상 코스피 지수가 하락한 첫날

당시 내가 보유한 전체 자산의 10퍼센트를

30종목 이상에 동일하게 나눠서 매수.

-60퍼센트 이상 코스피 지수가 하락한 첫날

당시 내가 보유한 전체 자산의 10~15퍼센트를

30종목 이상에 동일하게 나눠서 매수.

-70퍼센트 이상 코스피 지수가 하락한 첫날

당시 내가 보유한 전체 자산의 10~15퍼센트를

30종목 이상에 동일하게 나눠서 매수.

이렇게 진행할 예정이다.


그리고 매도는 내가 보유한 종목들의

수익이 30퍼센트에서 1차 매도 25퍼센트 비중,

수익이 40퍼센트에서 2차 매도 25퍼센트 비중,

수익이 50퍼센트에서 3차 매도 25퍼센트 비중,

수익이 60퍼센트에서 4차 매도 25퍼센트 비중으로

진행할 예정이며 1차 매도가 진행된 이후

내가 매수한 가격을 이탈하면 전부 매도할 예정이다.

자, 여기까지가 이 파트에서 내가 말하려는 나의 전부다.

너무 순식간에 마무리되었다고 생각하는가?

당신이 집중하고 있던 부분이

'내가 어디에 투자를 할 것인가?'였다면

아쉽지만 유감을 표하고 싶다.

당신은 또 돈에 초점을 맞췄기 때문이다.

나는 당신이 만들어진 기준의 결과를 보는 것이 아니라

그 기준을 만들어나간 과정과 방법을

이해하고 터득하길 바란다.


나는 지금 당신이 읽은 이 파트를 완성하기 위해

수천 시간이 걸렸다.

그리고 지금은 내가 만든 시나리오대로 흘러가도 좋고,

설령 흘러가지 않아도 좋다.

스스로 기준을 가진 시나리오를 만드는

방법을 알고 있기 때문이다.

또한 위기로 재산이 늘어나든 줄어들든

그 경험으로 성장할 수 있음을 확신하기 때문이다.

내가 시간과 정성을 들여 투자한

수천 시간의 금전적 가치는

전체 자산의 30~40퍼센트 정도라고 생각한다.


그렇다면 끝까지 이 책을 읽은 당신에게

이 투자 방법의 가치는 얼마일까?

같은 투자 방법이라도 당신에게는 책을 읽고 생각하느라 보낸

하루 정도의 일당 10만 원 정도라고 생각한다.

그렇기에 10만 원을

위와 같은 방법으로 투자해보길 바란다.

그리고 그 결과로 얻은 30퍼센트의 수익이 나와

3만 원가량이 당신 손에 떨어진다면,

절반의 돈으로 이 책을 사서

가장 소중한 사람에게 선물하고

남은 돈으로 '책값'을 보상받길 바란다.


내가 왜 지수가 -50퍼센트 이상 하락하는 첫날에

모두 매수하지 않고 -70퍼센트까지 여유를 두는지,

왜 30종목을 균등하게 매수하는지,

왜 매도를 저런 규칙으로 하는지는

당신이 이 책을 읽고 생각의 끈을 이어가길 바라는 마음에

구체적으로 담지 않겠다.

그리고 그 생각의 끈이 나와는 다른 방향으로 이어져

당신이 더 높은 수익을 올렸으면 좋겠다.

그래서 당신도 10만 원이 아닌 더 높은 금액을

스스로 측정하는 한 사람의 투자자로 성장하길 바란다.

Q&A

이럴 땐 어쩌죠?

**Q. 방법이 확실하다면 많은 돈을 투자해도 될까요?**

A.『돈 공부는 처음이라』를 출간하고
많은 사람이 위기를 기회로 활용했습니다.
누군가는 몇천 원, 누군가는 수억 원의 수익을 올렸다며
감사의 인사를 전했습니다.

제 관점을 각자의 확신으로 바꾸기까지는
많은 시간과 정성이 들어갔을 겁니다.

물론, 이 책에는 제 노하우가 담겨있지요.

수천 시간을 쓰며 저만의 기준을 찾고

수치화 시키고, 저만의 방법을 만드는 과정을

책 한 권을 구매함으로써 단축할 수 있었을 겁니다.

하지만 각자의 확신은

이 책 달랑 한 권을 읽고 나올 수 없습니다.


수억 원을 투자했다는 사람은

자신이 어떤 종목에 투자해야 하는지 몰라서

40년간의 위기 속에서 종목의 흐름을 살펴봤다고 합니다.

그러고 나니, 원칙을 어기지 않으면

투자할 때 문제가 없겠다는 확신을 하게 되었답니다.


누군가는 그냥 가볍게 이 책을 읽고 넘겼을 것입니다.

그저 흔하디흔한 경제경영서, 자기계발서라고 생각하면서 말이죠.

그렇게 생각하신 분들도 위기가 지나고 나서

책의 'ETC' 부분을 보고 후기를 올리는 분도 많았습니다.

"분명 읽었던 책인데, 이걸 지금 봤네요. 후회됩니다."

"선물 받았던 책을 지금 봤네요. 조금 일찍 읽을 걸 아쉬워요."

"친구가 이 책을 보고 투자했다는 말을 했는데 흘려들었네요."

이 둘의 차이점은 무엇일까요?

바로 이 책을 보고 검증하며,

생각을 정리하고 글쓰기를 했는지 여부입니다.

앞서 무작정 실행하는 것이

가장 중요한 덕목이라고 설명했던 것처럼

100만 원이라도 이번 위기를 활용하기 위해서 실행했다면

그리고 제가 운영하는 카페에 찾아와서 그 근거를 읽고 공부했다면

여러분들은 여러분들의 삶에 저를 전문가로 잘 활용한 것입니다.


"많은 돈을 투자해도 될까요?"란 질문은 사실 의미가 없습니다.

여러분이 투자하는 금액의 크기는 제 대답과 상관이 없기 때문입니다.

기회가 올 때까지 해온 여러분의 행동이

투자 금액을 결정하게 될 것입니다.


**Q. 지수의 반토막 전략은 먼일이라는 생각이 듭니다.**

**이 방법은 10년에 한 번만 쓸 수 있나요?**


A. 지난 5년간 저는 지수를 활용한 여러 가지 투자를 해왔습니다.

첫 책에 너무 많은 것을 담으면

자칫 돈 공부를 처음 하시는 분들께 벅찰까 하여

더 담지 않았던 것도 있습니다.

최대한 원리만 담고자 했기에 책을 완성하는 과정에서
더하는 것보다 빼는 것에 훨씬 더 많은 시간을 들였습니다.


이 책을 읽고 한국 시장 흐름을 파악하고,
직접 활용할 수 있게 된다면
두 번째 책 『돈의 시나리오』에서 담았던 해외 지수와 펀드 전략을
활용해 보시는 것도 괜찮다고 생각합니다.
이 책이 출간된 이후
해외 지수를 활용할 수 있는 기회가 총 네 번 왔습니다.
저는 2022년 10월 12일에 '항셍지수 + 홍콩H 지수 기회가 왔다.'
라는 제목으로 카페에 글을 올렸고요.


책을 읽고 자신만의 무기를 만들었다면
기회는 더 자주 오게 될 것입니다.
실제로 10년에 한 번이든 1년에 한 번이든
자신만의 무기로 돈을 버는 사람만이
진정한 부를 이어 나갑니다.
이리 집적 저리 집적거리며 이것저것 투자를 하는 사람들은
결국, 운으로 돈을 번다고 하여도 얼마 지나지 않아 그 돈을 다 날려

최고 25,050.59

25,000
24,000
23,000
22,000
21,000
20,000
19,000
18,000
17,000
16,000
15,000

항셍지수

최저 14,597.31

11 01 02 03 04 05 06 07 08 09 10 11 12 01 02 03 04 05 06
2021 2022                                           2023

최고 8,822.80

8,500
8,000
7,500
7,000
6,500
6,000
5,500
5,000

홍콩H지수

최저 4,919.03

12 01 02 03 04 05 06 07 08 09 10 11 12 01 02 03 04 05 06
2021 2022                                           2023

큰돈을 모으지도 굴리지도 못합니다.

"수천만 원의 가치를 담은 책이다."
"자식들에게 물려줄 유산이 나에게도 생겼다."라는 책 후기는
결국, 이 한 권의 책에서 스스로 많은 것들을 찾고
공부한 사람들만 가질 수 있는 특권이었던 것입니다.
그러니 시기와 상관없이 미리 준비한다는 마음으로
이 책을 읽고 공부하신다면
기회는 스스로 계속 만드실 수 있다고 생각합니다.

10년에 한 번씩 온다는 말에
10년에 한 번만이라고 결론짓지 마세요.
10년의 시기는 나라마다 다를 수 있습니다.
눈을 넓혀보면 대한민국은 지구에서 고작,
수십 개의 지수를 가진 나라 중 하나일 뿐입니다.

닫는 글

# 세속적이라 생각했던
# 돈을 배우며

_제갈현열

고백하건대

나는 지금까지 돈에 큰 관심이 없었다.


아마 김종봉 대표 주변인 중

돈에 가장 관심이 없는 삶을 살았던 사람이

바로 나일 것이다.

우리 집이 남들보다 잘살아서도

벌어놓은 돈이

돈을 생각하지 않을 만큼 많아서도 아니었다.

그저 원하는 삶을 살기 위해서는

돈을 포기해야 한다는 강박이 있었기 때문이었다.

나는 지금까지 원하는 삶에

도전하며 살아왔다고 자부한다.

이 자부심 뒤에는

지루한 안정과 짜릿한 불안이 공존했고

그 사이에서 늘 방황했던 나 자신이 숨어 있었다.

항상 짜릿한 불안을 선택했기에

자연스레 포기했던 것은 안정이었다.

그리고 그 안정의 중심에는 돈이 있었다.

당장에 취업은 중요하지 않아, 내가 원하는 건 여행이니까

당장에 직장은 중요하지 않아, 내가 원하는 건 글이니까


다른 이들이 취업 준비로 밤을 샐 때 그간 모은 돈으로

홀쩍 아프리카로 1년을 떠났던 나에게는

그러다 보니 서른 살이 되어서야

비로소 취업 준비를 했던 나에게는

글을 쓰고 싶어서, 이야기를 하며 살고 싶어서

남들이 부러워하는 대기업을

1년 만에 그만두었던 나에게는

돈은 언제나 뒷전이었다.

아니, 돈은 나에게 오히려

원하는 삶을 살지 못하게 만드는 족쇄처럼 느껴졌다.

다행히 운이 좋아, 과분한 재능을 받아

그리고 함께 일하는 아주 좋은 파트너를 만나

어느 정도의 경제적 자유를 누리며 살았다.

적게 일해도 부럽지 않을 만큼의 돈을 가질 수 있었고

그 일조차 대부분은 내가 하고 싶은 일이었으니까

힘들지 않았다.

그래서

나는 더욱 돈에 대해 관심을 두지 않았다.

그런 내가 돈에 대한 책을 함께 집필한 것은

사실 지금도 놀랍다.


여섯 권의 책을 집필했지만, 책을 마무리하고

이토록 묘연한 감정이 드는 것은 처음인 이유도

이 때문이다.

사실 집필하기로 생각했던 몇몇의 원고를 뒤로한 채

이번 책을 함께 쓴 가장 큰 이유는

김종봉 대표가 들려준 돈의 이야기가

생각한 것 이상으로 너무 재미있었기 때문이다.

세속적이라고 생각했던 돈 안에는

꿈이 있었고,

즐거움이, 노력이, 삶이 있었다.

내가 그토록 소중하게 생각했던 많은 것들이

결국 돈 안에 있음을

돈을 알아가고 버는 그 과정 속에 있음을

나는 그렇게 배워갔다.

작가로서 나는 책을 쓸 때 늘 두 가지를 되물어본다.

이 책에 내 진심을 담았을까,

이 책이 사람들에게 작은 보탬이 될 수 있을까,

이 책에는

내가 느낀 돈에 대한 즐거움을

되도록 많은 사람들도 느끼길 바라는 진심을 담았다.


이 책에 담긴 돈에 대한 김종봉 대표의 생각과 고민은

이 글을 읽는 독자들에게

큰 보탬이 될 것이라 확신한다.

스스로 책에 대한 평가를 하기는 언제나 부끄럽지만

돈에 대한 내 관점을 완전히 뒤바꿔놓은

이 책이 나는 참 좋다.

여담이지만

책을 함께 쓰면서 김종봉 대표가 가장 많이 들었던 말은

응원보다는 우려였다.

그의 강연을 들었던 사람들은 하나같이

이 좋은 내용을 왜 공개하냐며

이렇게 공개하면 다들 따라 할 것 아니냐며

농담 섞인 우려를 건넸다.

특히 마지막 파트에 담은 위기 전략에 대한 부분은

실제로 꽤 많은 돈을 주고 들어야 하는

강연의 내용이기에

고작 책 한 권 값을 받고 알려주기는

억울하지 않으냐는 말을 많이 들었다.


그때마다 나는 웃으며 걱정하지 말라고,

어차피 사람은 변하지 않는 동물이라고 너스레를 떨었다.

사람은 쉽게 변하지 않는다.

더욱이 책 한 권에,

생판 모르는 남의 이야기에

큰 변화를 할 만큼

인간은 대단하지 못한 존재다.

때문에

이 책의 내용이 아무리 좋아도

이 책의 전략이 아무리 멋져도

이를 그대로 실행할 수 있는 사람은

그래서 삶이 바뀔 수 있는 사람은

거의 없을 것이다.

가난한 사람은 여전히 가난할 것이며

돈에 무지한 사람은 여전히 무지할 것이다.

투자하기보다는 투기를 할 것이며

공부하기보다는 공략법만 찾으려 할 것이다.

그 이유는 간단하다.

우리는 김종봉 대표가 들인 만큼

시간과 정성을 들이지 않았기 때문이다.

시간과 정성을 쏟지 않았으니 확신도 없고

확신이 없으니 행동으로 옮기기 힘든 것이다.

그래서 아무리 훌륭한 이야기를 담아도

아무리 큰 비밀을 담아도

그로 인해 삶이 바뀌는 사람은 흔치 않을 것이다.

나는 그저 이 책이

내가 느낀 즐거움만큼만

내가 느낀 새로움만큼만

딱 그 정도의 가치만 여러분에게 전해주길 바란다.

딱 책값 정도의 가치만큼만 말이다.


발끈하는 사람이 있을지 모르겠다.

무시한다고 나를 욕하는 사람이 있을지도 모르겠다.

그렇다면, 증명해봐라.

이 책에 담겨 있는 내용대로 바뀌어봐라.

이 책을 계기로

당신의 시간과 정성을 돈을 위해 투자해봐라.

당신만의 방법으로 돈의 성을 건설해봐라.

모든 방법은 이 책 안에 있다고 자부한다.

언제가 되었건 나는 기다릴 용의가 있으니

만약 바뀌었다면 그 결과를 들고 찾아와봐라.

만약 그런 당신을 마주할 날이 온다면

이 책의 마지막 파트를

기꺼이 당신을 위해 수정해주겠다.

당신의 이야기로 이 책의 마지막을 새로이 장식하겠다.

그런 날이 올까?

그렇지 않을 것이란 예상과

그랬으면 하는 헛된 기대를 한 채

참 고마웠고 쓰는 내내 즐거웠던

우리 책의 마지막을 마무리 지으려 한다.

오랜만에 둘이 먹을 오늘 밤의 소주는,

유난히 달콤할 것 같다.

# 개정증보판
# 마지막을 끄적이며

_제갈현열

개정증보판이 나온다는 소식을 들었다.

뜬금없이 '개정'이란 단어의 뜻이 궁금해졌다.

작가로서의 단순한 호기심이었다.

사전을 찾아보니

개정이란 글자나 글의 틀린 곳을 바로잡는다는 뜻이었다.

이런 뜻이구나 생각하고 넘기던 찰나에

개정의 또 다른 뜻이 눈에 들어왔다.

동음이의어긴 하지만 개정은 이런 뜻도 있었다.

'이미 정하였던 것을 고쳐 다시 정함'

이 책이 다시 나오기까지 걸린 시간 5년,

나는 두 번째 개정의 뜻으로 그 시간을 돌아보았다.

그동안 나는 어떤 것들을 새로이 고쳤을까?

답은 단순했다.

돈에 대한 모든 것들이었다.

처음 책이 나왔을 때 유독 돈에 관여치 않는다는 내가

지금은 많은 돈을 벌기 위해 두 가지 사업을 하고 있다.

계획 없음을 즐기고

여행을 좋아하고

자유로움을 가장 중요하게 생각했던 내가

지금은 누구보다 촘촘한 일정에 맞추어 하루를 보내고 있다.

자유를 포기해서도

나의 성향이 바뀌어서도 아니다.

오히려 돈을 손에 넣었을 때

비로소 자유로울 수 있음을

계획 없음이 허용됨을 인정했기 때문이다.


한때

돈은 쓸 수 있을 만큼만 벌면 그만이라 생각했다.

적지 않은 돈을 강연과 집필을 통해 벌면서

그 돈으로 하고 싶은 여행을 마음껏 하면서

내 이런 생각은 틀리지 않았다고 확신했다.

그런데, 아니었다.

내가 하고 싶은 것들의 범위는

내가 먹고 싶은 것들의 종류는

내가 살고 싶은 삶의 방향은

결국, 그 시기에 내가 가진 돈을

기준으로 만들어진 것이었다.

애초에 말이 안 되는 소리였다.

하고 싶은 만큼 돈을 벌고

먹고 싶은 만큼 돈을 벌고

살고 싶은 만큼 돈을 번다는 게 말이다.

하고 싶은 것에, 먹고 싶은 것에, 살고 싶은 것에

끝이 있을 리가 없으니까.

끝은 언제나 내가 가진 돈이 정해주는 한계치일 뿐이었다.

그 한계치를 끝없이 넓혔을 때

얼마나 많은 기회가 있는지

얼마나 많은 자유가 있는지를 이제는 알게 되었다.

지난 5년간 내가 스스로 가장 많이 '개정'한 것은

돈에 대한 생각과 돈을 위한 행동들이었다.

이 책을 다 읽은 여러분들에게도

이 책이 여러분 인생에 작은 '개정'의 시작이 되길 기대한다.

돈에 대해 나처럼 생각했거나

혹은 돈에 대해 부정적인 시선이 있었다면

이 책이 돈이란 녀석을 다시 돌아보게 만드는 계기가 되었길

희망한다.


처음 이 책을 썼을 때 다 마무리한 기념으로

종봉이 형과 진하게 소주 한잔을 기울인 기억이 난다.

요즘은 서로가 바빠 자주 보진 못하지만

오늘만큼은 지난 5년을 회상하며 소주 한잔을 하고 싶다.

지난 5년간 수고했다며, 앞으로 5년간 또 고생하자며.

0원부터 시작하는 난생처음 부자 수업

# 돈 공부는 처음이라

**초판 1쇄 발행** 2019년 2월 22일
**초판 19쇄 발행** 2023년 2월 28일
**개정증보판 1쇄 발행** 2023년 6월 26일
**개정증보판 4쇄 발행** 2024년 3월 15일

**지은이** 김종봉, 제갈현열
**펴낸이** 김선식

**경영총괄이사** 김은영
**콘텐츠사업본부장** 박현미
**책임편집** 임소연 **디자인** 황정민 **책임마케터** 오서영
**콘텐츠사업4팀장** 임소연 **콘텐츠사업4팀** 황정민, 박유아, 옥다애, 백지윤
**마케팅본부장** 권장규 **마케팅1팀** 최혜령, 오서영, 문서희 **채널1팀** 박태준
**미디어홍보본부장** 정명찬 **브랜드관리팀** 안지혜, 오수미, 김은지, 이소영
**뉴미디어팀** 김민정, 이지은, 홍수경, 서가을, 문윤정, 이예주 **지식교양팀** 이수인, 염아라, 석찬미, 김혜원, 백지은
**크리에이티브팀** 임유나, 박지수, 변승주, 김화정, 장세진, 박장미, 박주현
**편집관리팀** 조세현, 김호주, 백설희 **저작권팀** 한승빈, 이슬, 윤제희
**재무관리팀** 하미선, 윤이경, 김재경, 이보람, 임혜정
**인사총무팀** 강미숙, 지석배, 김혜진, 황종원
**제작관리팀** 이소현, 김소영, 김진경, 최완규, 이지우, 박예찬
**물류관리팀** 김형기, 김선민, 주정훈, 김선진, 한유현, 전태연, 양문현, 이민운

**펴낸곳** 다산북스 **출판등록** 2005년 12월 23일 제313-2005-00277호
**주소** 경기도 파주시 회동길 490 다산북스 파주사옥 3층
**전화** 02-702-1724 **팩스** 02-703-2219 **이메일** dasanbooks@dasanbooks.com
**홈페이지** www.dasanbooks.com **블로그** blog.naver.com/dasan_books
**종이** (주)아이피피 **인쇄** 민언프린텍 **후가공** 제이오엘엔피 **제본** 대원바인더리

**ISBN** 979-11-306-4421-9(03320)

• 책값은 뒤표지에 있습니다.
• 파본은 구입하신 서점에서 교환해드립니다.
• 이 책은 저작권법에 의하여 보호를 받는 저작물이므로 무단 전재와 복제를 금합니다.

다산북스(DASANBOOKS)는 독자 여러분의 책에 관한 아이디어와 원고 투고를 기쁜 마음으로 기다리고 있습니다.
책 출간을 원하는 아이디어가 있으신 분은 다산북스 홈페이지 '원고투고'란으로 간단한 개요와 취지, 연락처 등을
보내주세요. 머뭇거리지 말고 문을 두드리세요.